Leopardgeckos

Friedrich Wilhelm Henkel
Wolfgang Schmidt

unter Mitarbeit von Tierarzt Kornelis Biron (Kapitel Krankheiten)

Terrarien NTV Bibliothek
Natur und Tier - Verlag

Bildnachweis Umschlag
Titelbild: .... Tremper Albino Foto: F.W. Henkel
Hintergrund: .... Haut eines „normalfarbigen" Leopardgeckos Foto: F.W. Henkel
Erste Seite: .... Jungtier von *Eublepharis macularius* Foto: F.W. Henkel

ISBN: 978-3-86659-089-2

An der Kleimannbrücke 39/41
48157 Münster
www.ms-verlag.de

Geschäftsführung: Matthias Schmidt
Lektorat: Heiko Werning, Mike Zawadzki & Kriton Kunz
Layout: Ludger Hogeback – hohe birken
Druck: Alföldi, Debrecen

Vorwort

Die Geckos stellen mit insgesamt etwa 100 Gattungen und weit über 1.180 Arten einen sehr formenreichen und nur schwer überschaubaren Entwicklungszweig der Echsenartigen dar. Sie besiedeln bereits seit dem Eozän fast die ganze Erde – oder zumindest jene Regionen, deren Klima ihnen das Überleben gestattet. Dabei konnten sie sich im Lauf der Zeit den unterschiedlichsten Biotopen hervorragend anpassen und die verschiedensten ökologischen Nischen besetzen, vom tropischen Regenwald bis zu echten Wüsten.

Schon seit langem gehören Vertreter dieser hochgradig variablen, überaus interessanten Reptiliengruppe zu den bekanntesten und beliebtesten Terrarientieren. Von einer Art, dem Leopardgecko (sowie von seinen Verwandten), soll in diesem Buch die Rede sein. Kaum jemand wird sich der Faszination dieser attraktiven Echse entziehen können, die alle Besucher von Zoogeschäften oder Terrarienbörsen durch ihren mächtigen Kopf mit den großen Augen in ihren Bann zieht, wenn sie langsam an der Frontscheibe entlangstreift und auf Futter wartet. So oder ähnlich dürfte es wohl den meisten „Fans“ dieser Art bei der ersten Begegnung ergangen sein – sie erlagen eben dieser Faszination, die niemals nachlässt, sondern sich vor allem durch die bemerkenswerte „Zahmheit“ dieser Geckos sogar noch steigert.

Insofern verwundert es auch nicht, dass der Leopardgecko heute als eines der am weitesten verbreiteten und bekanntesten Terrarientiere gelten darf und sich einer weiterhin zunehmenden Popularität erfreut. Zu Recht, wie wir finden – handelt es sich doch um eine bestens für die Terrarienhaltung geeignete Echsenart, die gerade auch dem Anfänger wärmstens empfohlen werden kann.

Mit diesem Buch möchten wir zum einen interessierte Leser und künftige Halter mit dieser interessanten Spezies vertraut machen, bei der es trotz ihrer großen Popularität immer noch vieles zu entdecken gibt; zum anderen wollen wir den gesamten Problemkomplex um Haltung, Zucht und systematische Einordnung ausführlicher darstellen. Dabei geht es uns nicht um einen „enzyklopädischen“ Ansatz: Vielmehr wollen wir auf diese Weise einen umfassenden allgemeinen Überblick geben.

Eublepharis* cf. *afghanicus Foto: H. Seufer

Bei den vorausgehenden Recherchen haben wir viele Liebhaber kontaktiert und uns mit ihnen zu jeder denkbaren Frage ausgetauscht; ihnen allen sei an dieser Stelle herzlich gedankt – auch den nicht namentlich Genannten. In diesem Zusammenhang möchten wir auch auf die alljährlich zu Pfingsten stattfindende Geckotagung aufmerksam machen. In ihrem Rahmen hat man die Möglichkeit, Gleichgesinnte zu treffen, und viele Informationen sind auf diesem Weg durch intensive Gespräche in unser Buch eingeflossen.

Porträt von *E. macularius* Foto: F.W. Henkel

Ganz herzlich bedanken möchten wir uns bei allen, die durch Informationen sowie das Überlassen von Bildern zum Erfolg des Projektes beigetragen haben. Im Einzelnen erwähnt seien (alphabetisch aufgelistet): Liselott Aronsson (Schweden), Mark Baldel (USA), Mark und Kim Bell (USA), Rustam Berdiev (Russland), Kornelis Biron (Düsseldorf), Ashok Captain (Indien), Wolfgang Dehne (Potsdam), Mario Herz (Rostock), Ray Hine (GB), Indranail Das (Malaysia), Juri Kaverkin (Ukraine), Michael Knöthig (Dänemark), Thomas Kowalski (Pinneberg), Harald Martens (Frankfurt), Thomas Müller (Bönningheim), Andreas Nöllert (Jena), Dr. Nikolai L. Orlov (Russland), Debbie Prince (USA), Tim Rainwater (USA), Allen Repashy (USA), Kishor Rithe (Indien), Josef Schmidtler (München), Kurt Seeler (Altusried), Hermann Seufer (Keltern-Weiler), Jan Stenicka (Tschechien), Rainer Stockey (Hagen), Sascha Svatek (Elze), Steve & Debra Sykes (USA), Ron Tremper (USA), die Firma Tropenparadies (Thorsten Holtmann und Volker Ennenbach, Oberhausen), Gary & Julia – West Coast LeopardGecko (USA), Nancy Wheat (USA), Rainer Zander (Garbsen) und Roland Zobel (Herne).

Ganz besonders bedanken möchten wir uns bei Dr. Rüdiger Börner (Aachen) für das uns gewährte Gespräch und die freundlicherweise zugesandten Texte und Bilder sowie bei Herrn Dr. Michael Meyer, Herne, für die kritische Durchsicht des Manuskriptes.

I. Der Leopardgecko und seine Verwandtschaft

Entwicklungsgeschichte, Systematik und Bestimmungsschlüssel

Vermutlich erst vor etwa 150 Millionen Jahren entwickelten sich aus den jurassischen Ardeosauridae und Bavarisauridae die heutigen Geckos. Allerdings konnte dieser Evolutionsprozess bislang noch nicht genau rekonstruiert werden, da man kaum Fossilien aus den frühesten Epochen gefunden hat. Die Evolution der Geckos setzte nach heutigem Kenntnisstand in Südostasien ein, wo auch noch heute die ursprünglichsten Vertreter dieser Echsengruppe vorkommen.

Derzeit ist es sehr schwierig, verbindliche Aussagen zur Systematik zu treffen, da laufend neue Arten beschrieben werden und selbst Gattungs- und Unterfamiliengrenzen sich im Fluss befinden. Wir beschränken uns daher auf einen Überblick über die Familie der Lidgeckos (Eublepharidae).

Im Jahr 1885 etablierte BOULENGER anhand eines 1864 von GÜNTHER beschriebenen Geckos namens *Pentadactylus felinus* die Gattung *Aeluroscalabotes* und gab der erwähnten Art den bis heute gültigen Namen *Aeluroscalabotes felinus* (Fuchsgesichts-Gecko). Diese Spezies stellt die ursprünglichste und primitivste Art aller rezenten Geckos dar; sie bewohnt

Der Fuchsgesichts-Gecko (*Aeluroscalabotes felinus*) gehört zu den Lidgeckos. Foto: F.W. Henkel

Systematische Stellung der Lidgeckos (Eublepharidae) innerhalb der Echsen (Sauria)

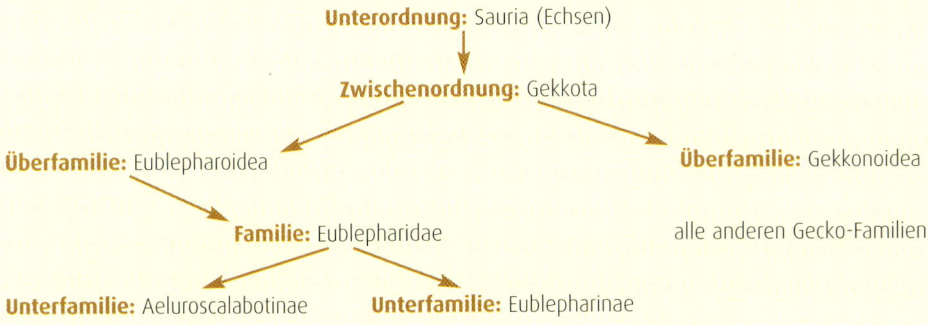

tropische Regenwälder in Teilen Südostasiens. Überdies definierte Boulenger auf ihrer Grundlage die Familie der Eublepharidae. Die beiden wichtigsten Unterscheidungsmerkmale zwischen den Lidgeckos (die in die eigene Überfamilie Eublepharoidea gestellt werden) und den anderen Gecko-Familien (die zur Überfamilie Gekkonoidea zählen) sind die beweglichen Augenlider der Lidgeckos (die auch die Begründung für den deutschen Namen liefern) und die Beschaffenheit der Zehen: Sie weisen bei Lidgeckos keine der unterschiedlichen Haftmechanismen auf, die man bei den meisten anderen Geckos antrifft.

Dagegen sind die Augenlider bei allen Gekkonidae miteinander verwachsen und durchsichtig. Diese „Brille" ist ein Produkt der Evolution und schützt das Sehorgan vor mechanischen Beschädigungen – obwohl es jederzeit geöffnet ist. Diese Spezialisierung haben die Lidgeckos nicht entwickelt. Sie schließen ihre Augen mit den nach wie vor beweglichen Lidern. Dies erfolgt – im Gegensatz zum menschlichen Sehorgan – nicht durch das Senken des oberen Lids, sondern durch das Anheben des unteren. Dieser Mechanismus dient auch dem Schutz beim Beutefang, damit bereits erfasste Futtertiere nicht die Augen verletzen können. Der Vorgang vollzieht sich allem Anschein nach reflexartig, da die Lider auch bei Verteidigungsbissen geschlossen werden.

Die Zehen der Lidgeckos sind an ihren Enden nicht verbreitert und tragen keine Haftlamellen, die es den Tieren ermöglichen würden, selbst an glatten Flächen zu klettern. Sie enden jeweils in spitzen, gebogenen Krallen, die nicht eingezogen werden können, und ermöglichen es den Tieren, auch in festem Substrat zu graben und sich auf felsigem bzw. steinigem Untergrund hervorragend fortzubewegen.

In der Vergangenheit hat sich der Status der Familie Eublepharidae häufig geändert: Einige Wissenschaftler betrachteten diese Gruppe als Unterfamilie Eublepharinae der Geckos (Gekkonidae), anderen wiederum galt sie immer schon als eigenständige Familie. Heute hat sich die Familie Eublepharidae etabliert. Sie enthält die beiden Unterfamilien Aeluroscalabotinae und Eublepharinae als Schwesterunterfamilien.

Für den Nicht-Spezialisten ist es oft schwierig, die feineren Zusammenhänge in der Systematik zu verstehen. Die Einteilung wird nämlich häufig durch immer genauere Ergebnisse neuer Untersuchungen verändert. Auf diese Weise verschieben die Forscher nicht nur einzelne Spezies in neue bzw. bestehende Gattungen, sondern gliedern auch ganze Gattungen und Familien neu.

Die Lidgeckos gehören innerhalb der Zwischenordnung Gekkota zur Überfamilie der Eublepharoidea. Derzeit existieren die beiden Überfamilien Eublepharoidea (Lidgeckos) und Gekkonoidea (Brillengeckos) – wobei einigen australischen, neuseeländischen und neukaledonischen Familien in Zukunft eventuell noch ein Sonderstatus zukommen könnte.

Die Lidgeckos der Familie Eublepharidae werden des Weiteren in zwei Unterfamilien aufgeteilt, die zusammen sechs Gattungen enthalten:

Unterfamilie Aeluroscalabotinae
Aeluroscalabotes BOULENGER, 1885

Unterfamilie Eublepharinae
Coleonyx GRAY, 1845
Eublepharis GRAY, 1827
Goniurosaurus BARBOUR, 1908
Hemitheconyx STEJNEGER, 1864
Holodactylus BOETTGER, 1893

Die einzelnen Gattungen lassen sich anhand des folgenden Bestimmungsschlüssels leicht unterscheiden:

1a Dorsaler Teil des Rostrale komplett .... weiter bei 2

1b Dorsaler Teil des Rostrale gespalten ... . weiter bei 3

2a Hintere Grenze des Rostrale gerade, dehnt sich nicht bis zur imaginären Linie zwischen den beiden vorderen Rändern der Nasenlöcher aus; 58–71 Schuppen um mittleren Abschnitt des Originalschwanzes; Weibchen mit deutlichen Präkloakalporen; keine nuchale Schleife .... *Aeluroscalabotes*

2b Hintere Grenze des Rostrale leicht bis stark v-förmig; dehnt sich bis zur imaginären Linie zwischen den beiden vorderen Rändern der Nasenlöcher aus; 23–49 Schuppen um mittleren Abschnitt des Originalschwanzes; Weibchen ohne Präkloakalporen; nuchale Schleife vorhanden .. .. *Coleonyx*

3a Dorsale Kopfschuppen granular und rundlich, manchmal mit größeren Tuberkelschuppen durchsetzt; Subdigitallamellen quer vergrößert; Färbung der Körperoberseite verschmilzt lateral langsam mit der Färbung der Körperunterseite; an den vorderen Teil der Nasenlöcher grenzende Schuppen größer als umliegende .... weiter bei 4

3b Dorsale Kopfschuppen vergrößert und sechseckig; teilweise halb tuberkelartig; Subdigitallamellen nicht quer vergrößert, setzen sich aus kleinen, granularen bis leicht tuberkelartigen Schuppen zusammen (ähnlich denen auf dem seitlichen Rand der Zehen); Färbung der Körperober- und Körperunterseite deutlich lateral getrennt; an den vorderen Teil der Nasenlöcher grenzende Schuppen gleich groß wie die umliegenden .... weiter bei 5

Ein weiteres Merkmal der Lidgeckos sind die mit Krallen besetzten Zehen (hier bei *Eublepharis angramainyu*). Foto: J. Stenicka

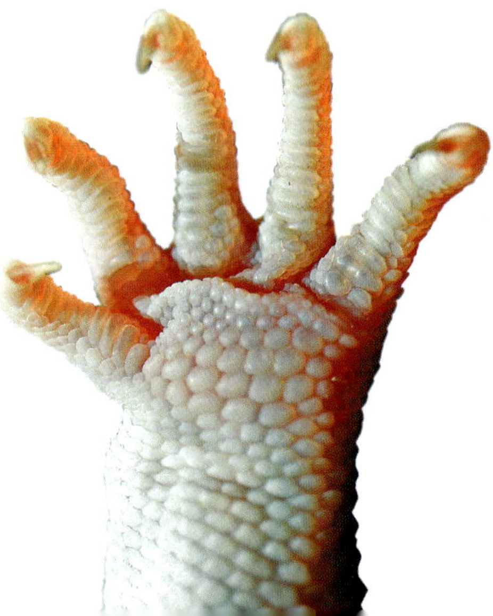

Weibchen mit frisch geschlüpften Jungtier (*Eublepharis angramainyu*) Foto: J. Stenicka

4a Schuppen auf dem Rücken zugespitzt und mit großen Tuberkeln durchsetzt; Schuppen auf den Gliedmaßen spitz; oberes Augenlid mit deutlichen tuberkelartigen Schuppen; Originalschwanz der Adulti mit deutlichen, schwarzen und weißen Bändern; kleine Achseltaschen können vorhanden sein, keine vergrößerten Tuberkelschuppen rund um die äußere Ohröffnung .... *Goniurosaurus*

4b Schuppen auf dem Rücken granular, mit oder ohne einzelne, vergrößerte Tuberkel; Schuppen auf den Gliedmaßen granular bis dachziegelartig; mit oder ohne einzelne, vergrößerte Tuberkel; oberes Augenlid ohne tuberkelartige Schuppen; Originalschwanz der Adulti ohne deutliche schwarze und weiße Bänder; tiefe Achseltaschen vorhanden; vergrößerte Tuberkelschuppen rund um die äußere Ohröffnung .... *Eublepharis*

5a Präkloakalporen bilden zwei Reihen; beide treffen median im Winkel von ca. 90° aufeinander; ventrale Körperschuppen dachziegelartig angeordnet; Krallen der Finger kurz, von vier Schuppen umhüllt; erste Schuppenreihe des oberen Augenlides flach; Haut entlang dem dorsalen Rand der äußeren Ohröffnung zu kleiner Ohrenklappe verdickt; vergrößerte Tuberkelschuppen rund um die äußere Ohröffnung; dorsale Körpertuberkel bilden Gruppen aus je dreien, wobei die mittlere doppelt so groß ist wie die beiden anderen; Originalschwanz mit deutlicher Segmentierung .... *Hemitheconyx*

5b Präkloakalporen bilden eine fast gerade Linie; die beiden Hälften treffen einander median im Winkel von maximal 30°; ventrale Körperschuppen nicht dachziegelartig angeordnet; Krallen der Finger sehr lang, nicht von Schuppen umhüllt; erste

Schuppenreihe des oberen Augenlids konisch und gewölbt; Haut entlang dem dorsalen Rand der äußeren Ohröffnung nicht verdickt, eine Ohrenklappe fehlt; keine vergrößerten Tuberkelschuppen rund um die äußere Ohröffnung; dorsale Körperschuppen bilden jeweils Gruppen aus einer vergrößerten, umgeben von erheblich kleineren Granulae; Schwanz ohne erkennbare Segmentierung .... *Holodactylus*

Die Leopardgeckos (*Eublepharis*)

1827 beschrieb GRAY den ersten Vertreter der Gattung *Eublepharis*, der Leopardgeckos. Diese Art – *Eublepharis hardwickii* – unterscheidet sich deutlich von den übrigen Vertretern, die in Aussehen und Verhalten weit einheitlicher wirken. Den in Deutschland bekanntesten Leopardgecko – *Eublepharis macularius* – beschrieb 1854 BLYTH.

Derzeit werden der Gattung *Eublepharis* fünf Arten zugeordnet, von denen vier als allgemein anerkannt gelten:

Eublepharis hardwickii GRAY, 1827
Eublepharis macularius (BLYTH, 1854)
Eublepharis angramainyu ANDERSON & LEVITON, 1966
Eublepharis turcmenicus DAREVSKIJ, 1977

Eublepharis fuscus BÖRNER, 1981; wurde von GRISMER 1988 zur Unterart herabgestuft, von DAS dann 1997 erneut der Artstatus verliehen; aus später noch zu nennenden Gründen führen wir diese Form hier nicht als anerkannte Spezies auf.

Der folgende Bestimmungsschlüssel dient zur Unterscheidung der vier anerkannten Arten, die teilweise leicht miteinander verwechselt werden können:

1a Dorsale Tuberkelschuppen hoch und spitz; Jugendzeichnung verliert sich bis zum adulten Stadium; 3–4 Binden zwischen Nackenschleife und Schwanzansatz; Nackenschleife umschließt nicht alle

Weibchen von *Eublepharis angramainyu* Foto: J. Stenicka

***Eublepharis turcmenicus*, östlich von Mashad (Iran)** Foto: M. Herz

Supralabialia und das Rostrale; Körpertuberkel mit Zwischenräumen, berühren einander nicht; granulare Schuppen zwischen den Tuberkeln erreichen ca. 25 % der Größe der Letzteren ... **weiter bei 2**

1b Dorsale Tuberkelschuppen niedrig und flach; Jungtierfarbmuster bleibt bei Adulti erhalten; zwei Bänder zwischen Nackenschleife und Schwanzansatz; Nackenschleife umschließt alle Supralabialia und das Rostrale; Körpertuberkel berühren sich; granulare Schuppen zwischen den Tuberkeln viel kleiner als jene .... ***E. hardwickii***

2a Anzahl der Schuppen im Augenlidrand 41–48; Subdigitallamellen glatt, mit ungeteilten Enden; ventrale Schuppen sechseckig; Durchmesser der dorsalen Tuberkelschuppen entsprechen dem Abstand zueinander; Rostrale 1,5 Mal so breit wie hoch; Farbzeichnung der Adulti besteht auf dem Kopf aus Flecken, die zu Linien verschmelzen .... **weiter bei 3**

2b Anzahl der Schuppen im Augenlidrand 46–57; Subdigitallamellen tuberkelartig, an den Enden gespalten; ventrale Schuppen nicht sechseckig; Durchmesser der dorsalen Tuberkelschuppen kleiner als der Abstand zueinander; Rostrale doppelt so breit wie hoch; Farbzeichnung der Adulti besteht auf dem Kopf aus variabel angeordneten Flecken ..... ***E. macularius***

3a Schwanzsegmente mit je vier Reihen ventraler Schuppen; 41–48 Augenlidrandschuppen; Präkloakalporen der Männchen treffen sich in der Mitte .... ***E. angramainyu***

3b Schwanzsegmente mit je vier Reihen ventraler Schuppen; 54–56 Augenlidrandschuppen; Präkloakalporen der Männchen treffen einander nicht; Zwischenraum von 1–4 Schuppen ohne Präkloakalporen .... ***E. turcmenicus***

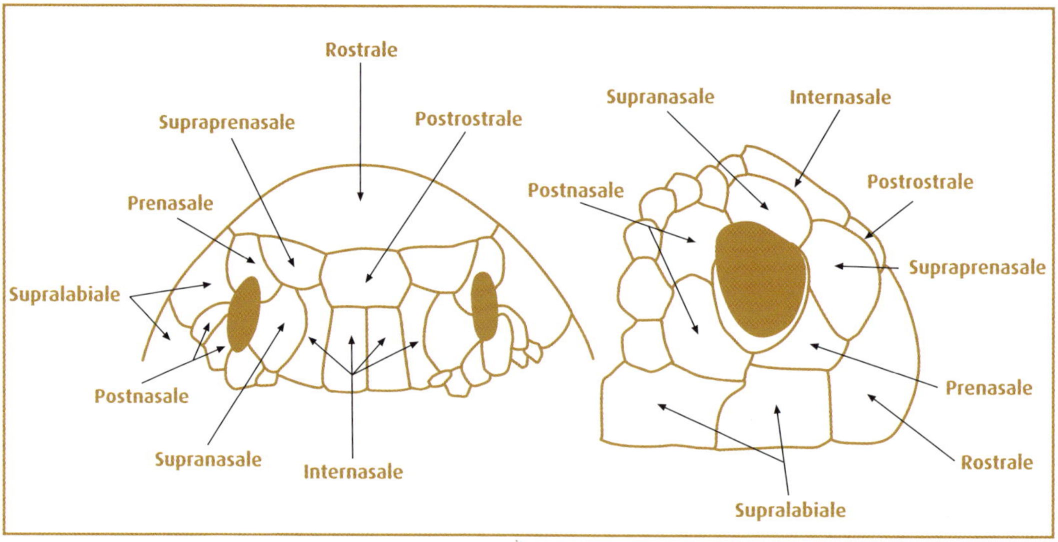

Aus diesem Bestimmungsschlüssel geht hervor, dass *E. hardwickii* innerhalb der Gattung einen Sonderstatus einnimmt: Während die drei anderen Vertreter nur schwer voneinander zu unterscheiden sind, kann man die Abweichungen gegenüber *E. hardwickii* schnell und eindeutig erkennen. Dies ließ früher gelegentlich den Gedanken aufkeimen, *E. hardwickii* sei in eine eigene Gattung zu stellen. Auch wir schließen uns dieser Auffassung an; da die Gattung *Eublepharis* jedoch anhand dieser Spezies beschrieben wurde, ergäbe sich dann die Notwendigkeit, den anderen drei Vertretern einen neuen Gattungsnamen zuzuweisen.

Während die Systematik bei den Arten *E. hardwickii* und *E. angramainyu* klar definiert ist und keinerlei Unterarten bekannt sind, existieren im Hinblick auf *E. macularius* unter den Wissenschaftlern große Meinungsverschiedenheiten. Mangels ausreichend zahlreicher Belegexemplare mit gesicherten Fundpunkten für eingehende Untersuchungen konnte man lange Zeit keine eindeutigen Aussagen über den Status von *E. turcmenicus* treffen. Grismer legte 1991 eine Untersuchung zur Abgrenzung der verschiedenen Arten vor, gab jedoch im Schlusswort zu bedenken, dass ihm zur Skelettuntersuchung lediglich ein Exemplar von *E. turcmenicus* zur Verfügung stand, weshalb weitere Untersuchungen dringend nötig seien. Mittlerweile hat sich dank weiterer Analysen auf entsprechend breiterer Basis die Art *E. turcmenicus* fest etabliert und ist international anerkannt.

Aufgrund der hohen Variabilität von *E. macularius* ist diese Spezies immer wieder in Unterarten bzw. neue Arten aufgeteilt worden. In der Literatur stößt man folglich auf eine ganze Reihe von Synonymen (d. h. Bezeichnungen „neuer" Arten, die später einer anderen, schon bestehenden Art gleichgesetzt wurden); dazu zählen im Einzelnen:

- *Eublepharis fasciolatus* Günther, 1864 (1935 von Smith wieder *E. macularius* zugeordnet);
- *Eublepharis gracilis* Börner, 1974 (1988 von Grismer wieder mit *E. macularius* gleichgesetzt);
- *Eublepharis afghanicus* Börner, 1976 (1988 durch Grismer als Unterart *E. macularius afghanicus* definiert);
- *Eublepharis macularius montanus* Börner, 1976

(1988 von GRISMER wieder mit *E. macularius* gleichgesetzt);
• *Eublepharis macularius smithi* BÖRNER, 1981 (1988 von GRISMER wieder mit *E. macularius* gleichgesetzt);
• *Eublepharis fuscus* BÖRNER, 1981 (1988 von GRISMER als Unterart *E. macularius fuscus* eingestuft; 1997 erhob DAS diese Form erneut in den Artstatus – Anmerkungen hierzu später)

Wir folgen hier den Ausführungen von GRISMER (1988) und erkennen nur folgende Unterarten an:
• *Eublepharis macularius macularius* (BLYTH, 1854)
• *Eublepharis macularius afghanicus* BÖRNER, 1974
• *Eublepharis macularius fuscus* BÖRNER, 1981

In den 1970er- und Anfang der 1980er-Jahre begann Dr. A. Rüdiger BÖRNER damit, sich intensiv mit der Systematik der Lidgeckos (vor allem der Gattung *Eublepharis*) zu beschäftigen (BÖRNER 1974, 1976, 1978 & 1981). Dabei fiel ihm die hohe Variabilität in Größe und Färbung auf, die man bei *E. macularius* in den einzelnen Verbreitungsgebieten beobachten kann. 1988 erschien eine umfangreiche Arbeit von Dr. Lee GRISMER, die sich mit der gesamten Familie der Lidgeckos beschäftigt. Darin korrigierte dieser Autor aufgrund zahlreicher Untersuchungen die Systematik der Eublepharidae (inklusive der Gattung *Eublepharis*). Nach mündlicher Mitteilung von GRISMER bedarf die Gattung *Eublepharis* – insbesondere die Art *E. macularius* – noch weitergehender Analysen, um sämtliche Arten und Unterarten klar differenzieren zu können. Aufgrund der großen Variabilität innerhalb dieser Art lassen sich die einzelnen Unterarten nur sehr schwer voneinander unterscheiden, wenn keine genauen Fundortangaben vorliegen. Einen typischen Fall liefert die Beschreibung der Subspezies *E. m. fuscus*. Auch wir haben uns in den älteren Ausgaben dieses Buches an einigen Erstbeschreibungen orientiert. Obwohl morphologische Merkmale vorhanden waren, erwies sich eine direkte Zuordnung zu den genannten Unterarten als nahezu unmöglich. Ohne genaue Fundpunktangaben lassen sich kaum eindeutige Aussagen treffen, doch auch bei übereinstimmender Verbreitung müssen die morphologischen Unterschiede deutlich sichtbar sein.

Da die von DAS (1997) aufgeführten Tiere nicht mit der Beschreibung der Art *E. fuscus* durch BÖRNER (1981) übereinstimmen, ist die Anwendung des Namens *E. fuscus* auf DAS' Gecko nicht korrekt. Für diese Exemplare muss folglich ein neuer Name gefunden werden, während die Unterart *E. macularius fuscus* BÖRNER, 1981 (eingeordnet von GRISMER 1988) weiterhin bestehen bleibt (nähere Ausführungen später). Da jedoch – nicht nur über den Handel – immer wieder neue Varianten von *Eublepharis* auftauchen, könnte nur eine komplette Überarbeitung der Gattung zu einer gewissen Stabilität führen.

Die Einordnung des Leopardgeckos im Tierreich

Klasse: Kriechtiere (Reptilia)

Ordnung: Eigentliche Schuppenkriechtiere (Squamata)

Unterordnung: Echsen (Sauria)

Zwischenordnung: Geckoartige (Gekkota)

Überfamilie: (Eublepharoidea)

Familie: Lidgeckos (Eublepharidae)

Unterfamilie: Eigentliche Lidgeckos (Eublepharinae)

Gattung: Leopardgeckoartige (*Eublepharis*)

Art: Leopardgecko (*Eublepharis macularius*)

3 Unterarten:
· *Eublepharis macularius macularius* (BLYTH, 1854)
· *Eublepharis macularius afghanicus* BÖRNER, 1974
· *Eublepharis macularius fuscus* BÖRNER, 1981

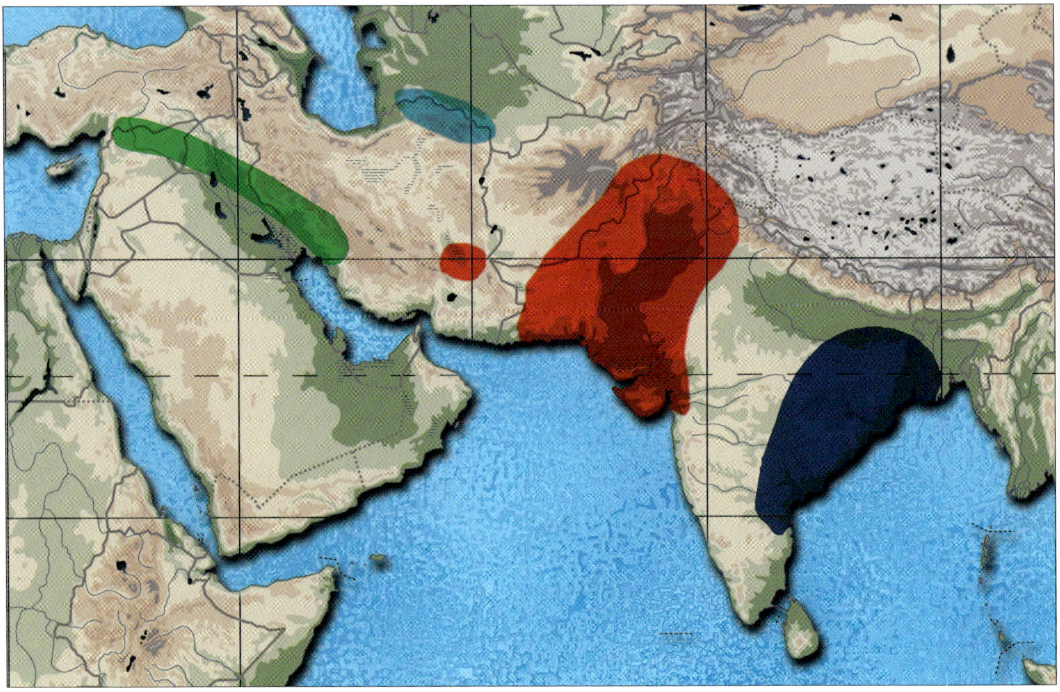

Verbreitungsgebiet der Gattung *Eublepharis* – grün = *Eublepharis angramainyu*, blau = *Eublepharis turcmenicus*, rot = *Eublepharis macularius*, dunkelblau = *Eublepharis hardwickii*

Verbreitung und Lebensraum

Das Entwicklungszentrum der Familie Eublepharidae liegt – wie das aller Geckos – in Südostasien. Von dort aus haben die sechs Gattungen dieser Familie die verschiedenen Kontinente erobert.

Uns interessiert hier lediglich die Gattung *Eublepharis*, die ein recht ausgedehntes Verbreitungsgebiet bewohnt (vgl. Karte): Es reicht von Bangladesh und der Region um Kalkutta (West-Bengalen) westwärts durch Indien, Pakistan, Afghanistan, Iran und Irak bis nach Syrien und in die Türkei.

Die Art *E. turcmenicus* bewohnt den nördlichsten Teil dieses Region, d. h. Nord-Iran und einige isolierte Gebiete in Turkmenistan. Dabei zeigt sich, dass auf der Verbreitungskarte ein großer „weißer Fleck" existiert: Aus diesem etwa zwischen Pakistan und Afghanistan im Osten und dem Iran im Westen liegenden Areal gibt es bislang keinerlei Informationen über Funde von Lidgeckos. Die Ursache für dieses Phänomen liegt zum einen darin, dass

Verbreitungsgebiete der einzelnen Gattungen:

***Aeluroscalabotes*:** ...... Südostasien (Malaysia, Vietnam)
***Coleonyx*:** .... Südliches Nord- und Mittelamerika
***Eublepharis*:** .... Mittlerer Osten (West-, Zentral- und Südasien)
***Goniurosaurus*:** .... Ostasien (Insel Hainan Dao [VR China], Isle de Norway, Ryu-Kyu-Archipel [Japan], Vietnam)
***Hemitheconyx*:** .... Afrika (im Westen von Gambia bis Nigeria, im Osten in Somalia)
***Holodactylus*:** .... Ostafrika (von Äthiopien bis Tansania)

Die Verbreitungsgebiete der *Eublepharis*-Arten

Eublepharis angramainyu	West-Asien (von Südwest-Iran über Nord-Irak bis nach Nord-Syrien und in die östliche Türkei; in Höhenlagen zwischen 300 und 1.000 m)
Eublepharis cf. *fuscus*	Westliches Indien
Eublepharis hardwickii	Indien (südliches West-Bengalen), Bangladesh
Eublepharis macularius fuscus	West-Indien (60 km nördlich von Bombay)
Eublepharis macularius afghanicus	Nordost-Afghanistan (Einzugsgebiet des Kabul-Flusses rund um Jalabad)
Eublepharis macularius macularius	Nordost-Pakistan (vom Salt Range bis Lahore, Punjab), Region um Neu-Delhi (Nord-Indien), Gebirgszug zwischen Bela und Quetta, Distrikte Sibi und Quetta (Süd- bis Zentral-Pakistan), Hyderabad und Federal District (Südost-Pakistan).
Eublepharis turcmenicus	Zentral-Asien (Grenzgebiet zwischen Iran und Turkmenistan)

Iran früher wegen der politischen Verhältnisse nur schwer zu bereisen war, zum anderen in den geographischen Barrieren; den östlichen und westlichen Teil des Landes durchziehen zwei große Gebirgsketten, jeweils von Norden nach Süden. Diese Bergmassive bilden vermutlich die primären geographischen Schranken für jede weitere Ausdehnung von Lidgecko-Arten.

Etwas problematisch gestaltet sich der Status von *E. m. fuscus* Börner, 1981. Der von Börner beschriebene *Eublepharis* weist deutliche Übereinstimmungen mit *E. macularius* auf; bei dem von Das (1997) beschriebenen *E. fuscus* handelt es sich hingegen um eine völlig andere Form. Beim Vergleich aller anerkannten *Eublepharis*-Arten mit *E. fuscus* glaubt Das, eindeutige Unterschiede zu erkennen und weist *E. fuscus* den Artstatus zu. Dabei übersieht er allerdings, dass sich seine Geckos völlig von Börners Tieren unterscheiden und daher gar nicht zum Taxon *E. fuscus* gezählt werden können. Da die morphologischen Unterschiede sehr ausgeprägt sind, handelt es sich vermutlich um zwei verschiedene Formen. Schon der Größenunter-

Lebensraum von *Eublepharis macularius* in Afghanistan, Provinz Loghar Foto: H. Seufer

Lebensraum von *Eublepharis macularius macularius* in Pakistan, District Baluchistan Foto: S. Svatek

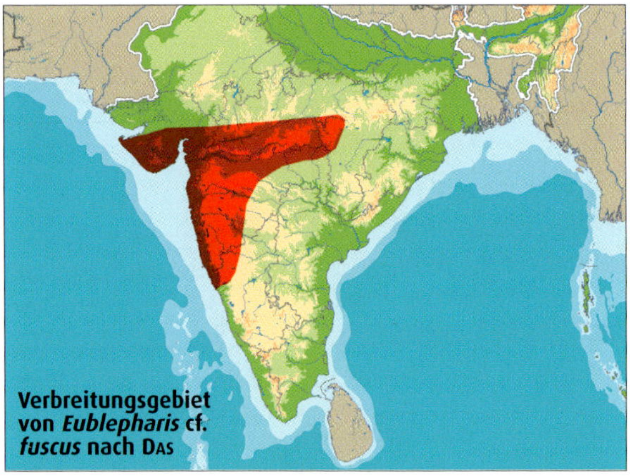

Verbreitungsgebiet von *Eublepharis* cf. *fuscus* nach DAS

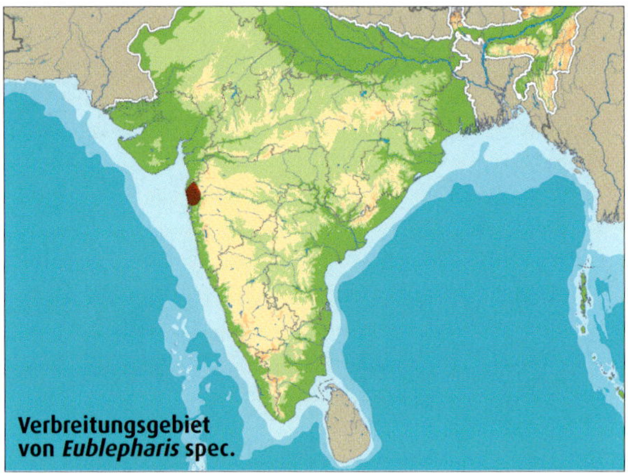

Verbreitungsgebiet von *Eublepharis* spec.

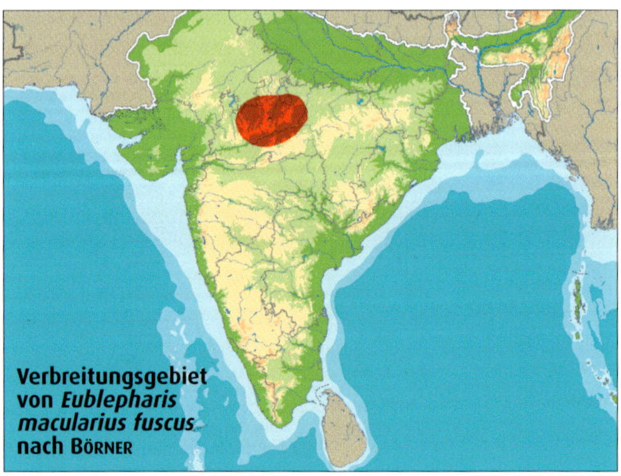

Verbreitungsgebiet von *Eublepharis macularius fuscus* nach BÖRNER

schied ist beträchtlich: Während die Gesamtlänge von BÖRNERS Gecko unter 200 mm bleibt (mit Schwanzregenerat), gibt DAS (1997) eine Gesamtlänge von nahezu 400 mm an. Aus diesem Grund betrachten wir *E. m. fuscus* BÖRNER, 1981 weiterhin als Unterart. Die Tiere von DAS (1997) führen wir hingegen als *Eublepharis* cf. *fuscus* auf (das „cf." steht für „ähnlich"). Da *E. fuscus* von BÖRNER (1981) schon früher beschrieben wurde, wäre für die von DAS aufgeführten Tiere eine Umbenennung erforderlich. Der Fundort des von BÖRNER (1981) beschriebenen *E. fuscus* liegt in der Nähe von Bombay. DAS (1997) weist dieser Art hingegen ein wesentlich größeres Verbreitungsgebiet zu. Beide Geckos grenzen sich überdies auch farblich eindeutig von der indischen Art *E. hardwickii* ab.

Im Gegensatz zu unserem ersten Buch über Leopardgeckos (HENKEL et al. 2000) führen wir bei der Verbreitung die als Synonyme von *E. macularius* eingestuften Unterarten nicht mehr gesondert auf, verweisen aber auf die Verbreitung von *E.* cf. *fuscus* DAS (1997) bzw. *E. macularius fuscus* BÖRNER (1981).

Eublepharis macularius kommt also nur in Afghanistan, Pakistan und Indien vor. Die früher erwähnten Fundorte im Iran, Syrien und Irak sind *E. angramainyu* zuzuordnen.

Leider fehlen zu vielen in unseren Terrarien gehaltenen Varianten genaue Fundortangaben. Da die meisten Tiere über den Handel ihren Weg zum Liebhaber finden, erweist sich eine genaue Bestimmung als ungemein schwierig, weil ihre

Lebensraum von *Eublepharis macularius* in Pakistan Foto: A. Dehne

Klimadiagramme für verschiedene Orte in Pakistan

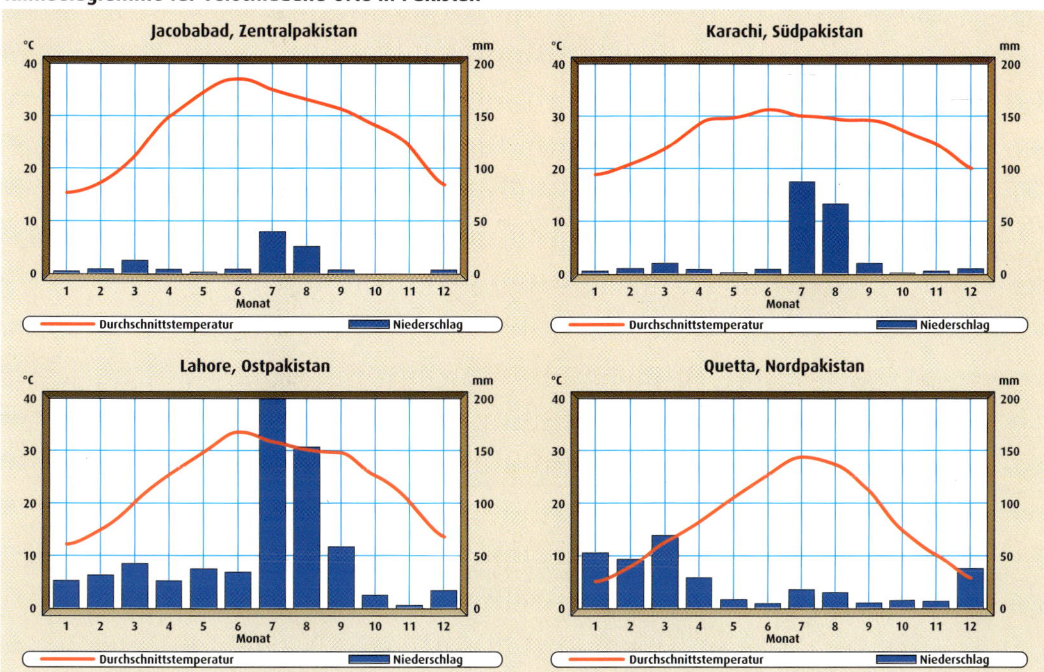

Lebensraum von *Eublepharis macularius* in Pakistan Foto: A. Dehne

Herkunft zumeist kaum exakt zu rekonstruieren ist. Dies gilt auch für viele Exemplare in zoologischen Instituten. Mangels einschlägiger Untersuchungen kann einstweilen noch keine genaue Verbreitungskarte der einzelnen Unterarten von *E. macularius* erstellt werden. Die Angaben sind daher lediglich als Anhaltspunkte zu betrachten.

Leopardgeckos bevorzugen innerhalb ihrer jeweiligen Verbreitungsareale halbtrockene bis trockene, steppenartige Landstriche. In den südlichen Regionen handelt es sich dabei teilweise um tropischen Trockenwald. Normalerweise ist das Verbreitungsgebiet jedoch ökologisch als subtropische und tropische Wüste bzw. Halbwüste einzustufen. Alle Fundpunkte zeichnen sich durch lehmiges oder steiniges Substrat aus. Die Tiere meiden allem Anschein nach reine Sandflächen und sind daher in Sandwüsten nicht anzutreffen. In diesem Zusammenhang vertritt BÖRNER (mdl. Mittlg.) die plausible These: je feuchter der Lebensraum, desto dunkler die Färbung der Geckos. Das trifft zumindest für *E. hardwickii* zu, denn diese Art lebt in wesentlich humideren Habitaten als die übrigen *Eublepharis*-Arten.

***Eublepharis turcmenicus* im Lebensraum** Foto: A. Nöllert

Lebensraum von *Eublepharis macularius* in Afghanistan, Provinz Loghar Foto: H. Seufer

Als Bodenbewohner bevorzugen Leopardgeckos Erdhöhlen oder Rückzugsmöglichkeiten (Hohlräume) unter Steinen, die sie mit ihren starken Krallen zu Wohnkammern erweitert. Außerdem findet man sie in verlassenen Nagerhöhlen, die sie gleichfalls ihren Bedürfnissen anpassen. Größere Kolonien existieren überall dort, wo eine gewisse Umgebungsfeuchtigkeit vorhanden ist. Leopardgeckos klettern gerne und sind deshalb auch auf Steinen und auf anderen Erhebungen anzutreffen. Im Gebirge kommen die Tiere noch bis in Höhen von über 2.500 m ü. NN vor (Szczerbak & Golubev 1996).

Das Klima im Verbreitungsgebiet ist im Sommer gewöhnlich etwas feuchter und sehr heiß (mit Tagestemperaturen von bis zu 40 °C), im Winter dagegen eher trocken und kühl (Tageswerte unter 20 °C; in der Nacht herrscht teilweise Frost). Geckos aus größeren Höhenlagen müssen im Winter mit Temperaturen von bis zu -20 °C zurechtkommen (H. Seufer, mdl. Mittlg.). Im nördlichen Verbreitungsgebiet von *E. macularius* legen die Geckos von Mitte November bis Anfang März eine Winterruhe ein. Genauere Einzelheiten entnehmen Sie bitte den Klimatabellen.

Im südlichen Verbreitungsgebiet fallen die Niederschläge etwas ergiebiger aus: Sie betragen im Januar 10–20 mm, im Juli sogar 50–130 mm. Hieraus lässt sich schließen, dass *E. macularius* dort auch einer wesentlich höheren Umgebungsfeuchte ausgesetzt ist, als es bei Tieren aus den zentralen und westlichen Regionen (d. h. von Pakistan und Afghanistan) der Fall ist.

Da sich jedoch auch die letztgenannten Geckos tagsüber in Höhlen aufhalten, wäre eine komplett trockene Haltung unangebracht: Die genannten Erdhöhlen weisen nämlich immer eine milde Substratfeuchte und eine mäßige relative Luftfeuchtigkeit auf, welche die Tiere auf jeden Fall zu ihrem Wohlergehen benötigen.

Die Arten der Gattung *Eublepharis*

Im Folgenden wollen wir kurz alle *Eublepharis*-Arten und -Unterarten vorstellen, da sie sehr leicht miteinander verwechselt werden können. An dieser Stelle ist jedoch auch hervorzuheben, dass die aufgeführten Merkmale nicht bei allen Arten und Unterarten eine einwandfreie Identifikation ermöglichen. Leider sind (noch) keine eindeutigen morphologischen Merkmale bekannt, die eine klare Abgrenzung möglich machen. Zur sicheren Unterscheidung der Arten werden in der Zukunft wahrscheinlich genetische Untersuchungen einen wichtigen Beitrag leisten. Momentan können wir nur empfehlen, Tiere mit gesicherten Fundorten nicht mit solcher unbekannter Herkunft zu vergesellschaften (die Vermischung der Unterarten dürfte problemlos vonstatten gehen, wogegen von einer Bastardisierung der Arten bisher noch nichts bekannt geworden ist).

Eublepharis angramainyu Anderson & Leviton, 1966

Eublepharis angramainyu ist nahe verwandt mit *E. macularius*, und in der Vergangenheit wurden beide Arten häufig miteinander verwechselt. Ein prägnantes Merkmal dieser Spezies bilden ihre glatten Subdigitallamellen, die im Gegensatz zu *E. macularius* nicht mit Tuberkeln besetzt sind.

Körperform und -zeichnung entsprechen *E. macularius*, sodass beide Arten leicht verwechselt werden. Die Gesamtlänge beläuft sich auf 250 mm, wovon 100 mm auf den Schwanz entfallen. Infolge der kräftigen Kiefermuskulatur ist der Schädel sehr breit und wirkt in der Draufsicht geradezu dreieckig. Ins Auge fällt auch die gelbbraune bis goldfarbene Iris.

Die Kopfzeichnung besteht aus dunklen Flecken, die zu breiten Linien verschmelzen (ein solches Muster fehlt bei *E. macularius*: Bei ihm gehen die einzelnen Flecken nicht inein-

Eublepharis angramainyu aus Syrien Foto: H. Martens

ander über, sondern bilden eine reine Fleckenzeichnung ohne breite Linienelemente). Auf dem Rücken befindet sich ein heller, beiderseits von einem durchgehenden schwarzen Streifen begleiteter Aalstrich, der vom Nacken bis zur Schwanzwurzel reicht. Eine dunkle Fleckenzeichnung ist linear zu beiden Seiten des erwähnten Strichs angeordnet. Analog dazu finden sich dunkle dorsolaterale Flecken. Die Anzahl der Binden zwischen Nacken und Schwanzbasis variiert zwischen 3 und 4; die mittlere ist die größte, ihre Breite entspricht fast jener der helleren Zwischenräume, welche mit dunklen Tuberkeln übersät sind. Die schmalen Säume der Binden erscheinen wesentlich dunkler als deren Zentrum, und die Zonen zwischen den einzelnen Körperbinden sind im Übrigen nicht einfarbig, sondern unregelmäßig gefleckt. Zahlreiche dunkle Punkte und Striche zieren auch die Beine; der Schwanz weist dunkle Ringe auf, die breiter als die hellen Zwischenräume ausfallen. Bei den Jungtieren sind die drei dorsalen Binden wesentlich dunkler.

Wie bei *E. macularius* und *E. turcmenicus* besteht die Beschuppung aus kleinen, flachen Körnerschuppen und großen, halbkegelförmigen Tuberkeln, die auf dem Rücken immer kleiner als die sie umgebenden Zwischenräume ausfallen. Sie werden immer größer und runder, je weiter sie zu den Flanken hin bzw. auf diesen gelegen sind. Hier gibt es auch erheblich kleinere Zwischenräume. Die Bauchschuppen wiederum sind glatt und – anders als bei *E. macularius* – sechseckig, was uns ein weiteres Unterscheidungsmerkmal liefert. Den Schwanz bedecken kleine Schuppen und abgeflachte Tuberkel.

Die Hemipenistaschen der Männchen treten deutlich in Erscheinung; auch die Weibchen besitzen Präkloakalporen, doch sind jene beim männlichen Geschlecht sichtbar stärker ausgebildet.

Eublepharis angramainyu aus Shabazan, Luristan/Iran Foto: J. Schmidtler

Einige Angaben zu Lebensraum und Verbreitung finden sich in der Arbeit von Martens & Kock (1991). Dort wird auch der Erstnachweis für Syrien erbracht. Die kurze Beschreibung des Lebensraums bezieht sich auf das gesamte Untersuchungsgebiet in Nord-Syrien (von Ra's al-Ain an der syrisch-türkischen Grenze bis zur Mündung des Khabur in den Euphrat bei Busaira im Süden).

Ei von _Eublepharis angramainyu_ im Maßstab Foto: J. Stenicka

***Eublepharis angramainyu* aus dem Zagros-Gebirge** Foto: R. Berdiev

Es handelt sich durchweg um Lehm- bzw. Wüstensteppen. Die Spezies wurde gemeinsam mit dem Gecko *Stenodactylus grandiceps* nachts auf einer Asphaltstraße beobachtet. Der betreffende Fundort galt lange Zeit als das westlichste Vorkommen der Gattung *Eublepharis*. Erst am 9. Juni 2001 konnte man die Art auch im Südosten der Türkei nachweisen: Ein adultes Weibchen wurde ca. 8 km südöstlich der Stadt Bireçik entdeckt (36°59'N; 38°02'E). Der Fundort liegt auf etwa 400 m ü. NN, und die Temperatur betrug gegen 23:00 Uhr 25 °C. Der Gecko besaß mit Schwanzregenerat eine Gesamtlänge von 21,5 cm, wobei seine Kopf-Rumpf-Länge 15 cm betrug (Göçmen et al. 2002). Die Angaben bei Schmidtler & Schmidtler (1970) beziehen sich auf ein Verbreitungsgebiet im südwestlichen Iran, genauer gesagt auf die Provinz Luristan. Bei der Ortschaft Shahbazan (ungefähr 500 m ü. NN, in der Zone zwischen Vorbergen und Hochgebirge) fingen Einheimische ein Exemplar von *E. angramainyu*, angeblich unweit einer Quelle. Die Angaben zur Körpergröße (25 cm) dürften eher auf die Gesamtlänge verweisen. Das Tier soll sich überdies alle 3–4 Wochen gehäutet haben, was vermuten lässt, dass es noch nicht ausgewachsen war. In Anbetracht des riesigen Verbreitungsgebietes sind weitere Untersuchungen an den verschiedenen Populationen unbedingt erforderlich. Vor allem jene im Iran dürften noch wichtige Aufschlüsse zur Abgrenzung gegenüber anderen Arten liefern. Die Unterschiede zwischen den Geckos aus der Türkei, Syrien und dem Iran sind schon auf den ersten Blick sehr deutlich sichtbar. Die Abbildungen bei Seufer et al. (2005) von *E. angramainyu* aus Syrien und aus der Türkei zeigen deutliche Unterschiede im Habitus, und sie stehen auch im totalen Gegensatz zu den Tieren aus dem Iran. Wir halten es daher durchaus für denkbar, dass es sich bei diesen Formen nicht nur um populationsbedingte Varianten handelt, sondern dass es sich um verschiedene Arten handelt. *Eublepharis angramainyu* wurde von Steven C. Anderson & Alan E. Leviton 1966 beschrieben. Hierbei bezogen Sie sich auf einen Gecko, den Anderson schon 1958 entlang der alten Straße zwischen den Städten Masjed-e-Suleyman und Batwan im Iran gefunden hatte. Das bedeutet, dass der Typus aus dem

Iran stammt, genauer gesagt aus der Provinz Khuzestan.

Wir bedanken uns hier auch für die übersandten Daten und Bilder von Jan Stenicka aus Tschechien. Er hält Gruppen von je einem Männchen und drei Weibchen. Zwei Paare sind im Südwest-Iran in der Provinz Khuzestan gefangen worden. Einige Tiere davon wurden per DNA-Analyse im Labor der Charles University in Prag als *E. angramainyu* identifiziert. Diese Tiere stammen genau aus dem Gebiet, aus dem auch der Typus bekannt ist. Der abgebildete *E. angramainyu* von Rustam Berdiev (die Abbildung bekamen wir freundlicherweise von Yuri Kaverkin zur Verfügung gestellt) stammt aus dem Zagros-Gebirge in der Nähe des Ortes Kazerum. Das Gebiet liegt einige hundert Kilometer südlich der Typuslokalität. Diese Tiere weichen in ihrem äußeren Erscheinungsbild wieder deutlich von den Geckos der Typuslokalität ab. Hieran kann man erkennen, wie groß die Unterschiede innerhalb dieser Art sind. Hier sind unbedingt weitere Untersuchungen nötig.

Im Folgenden geben wir einige Daten zur Haltung und Fortpflanzung von *E. angramainyu* wieder, die wir von Jan Stenicka erhielten: Es scheint so, als ob die Tiere erst mit zwei Jahren geschlechtsreif werden. Im dritten Jahr wurden die ersten befruchteten Eier gelegt. Es werden drei Gelege in einem Jahr in Abständen von fünf Wochen abgesetzt. Die Eier haben eine Länge von 40 mm, und jedes Ei hat ein Gewicht von 10 g. Bei einer Inkubationstemperatur von 27 °C benötigen die Jungtiere bis zum Schlupf etwa 70 Tage. Wildfänge haben im ersten Jahr die Legesaison im Frühjahr begonnen, aber danach immer erst in der Mitte des Jahres angefangen, Eier zu legen. Die Gruppen von einem Männchen und drei Weibchen leben in einem Terrarium mit den Maßen 100 x 50 x 50 cm. Ausgestattet mit einem Spotstrahler und einem Heizstein, wird ein Temperaturgefälle von 23–30 °C erreicht. Die Geckos werden für zwei Monate bei 16 °C in separaten Boxen überwintert. Mit anderen Terrarianern wurden verschiedene Überwinterungsstrategien ausprobiert; dabei hat sich herausgestellt, dass die kühl überwinterten Geckos wesentlich fruchtbarer waren. Es sollte abwechselungsreich gefüttert werden, da die Geckos verschiedene Futtertiere nach einer gewissen Zeit kategorisch ablehnen.

Eublepharis cf. *fuscus*

Die in unserem Buch abgebildeten Geckos entsprechen nicht der Erstbeschreibung von Börner (1981). Der indische Herpetologe Dr. Indraneil Das bezog sich 1997 bei der Beschreibung der von ihm entdeckten *Eublepharis* auf die eben erwähnte Arbeit von Börner. Dabei übersah er allerdings, dass seine Tiere morphologisch völlig von dem dort behandelten Exemplar abweichen. Demzufolge haben wir es of-

Adulter *Eublepharis* cf. *fuscus* Foto: A. Captain

Jungtier von *Eublepharis* cf. *fuscus*
Foto: A. Captain

fenbar mit zwei verschiedenen Formen zu tun.

Einige Details zur Morphologie: Die Gesamtlänge liegt knapp unter 400 mm, es gibt 7–8 Supralabialia und 8 Sublabialia; die Bauchschuppenreihen bestehen aus 42 Elementen; die Zahl der Präkloakalporen beträgt maximal 16.

Eublepharis hardwickii Gray, 1827

Dieser mittelgroße Gecko gehört innerhalb der Gattung *Eublepharis* zu den kleineren Arten. Mit einer Gesamtlänge um 200 mm bleibt er deutlich hinter allen anderen Spezies zurück.

Die Grundfarbe des Körpers ist mittel- bis dunkelbraun. Zwei helle, deutlich abgesetzte Querbänder verlaufen zwischen Nackenband und Schwanzansatz; zwischen ihnen befinden sich keine weiteren Flecken, die Zwischenräume sind also einfarbig. Auch im dorsalen Bereich fehlen weitere lineare Zeichnungselemente. *Eublepharis hardwickii* schlüpft folglich schon mit derselben Färbung wie die Erwachsenen aus dem Ei, was bei keinem anderen Vertreter der Gattung vorkommt. Die Nackenschleife dehnt sich weit über den Nackenbereich hinaus aus. Interessant ist auch die Beschuppung dieser Art: Nur bei ihr weisen die Tuberkelschuppen des Körpers ein sehr niedriges bzw. flaches Profil auf. Außerdem berühren sie einander – bei den anderen Vertretern der Gattung sind sie durch weite Zwischenräume getrennt. Die granularen Schuppen zwischen den Tuberkeln erreichen ca. 25 % von deren Größe, während sie bei den anderen Arten durchweg viel kleiner sind. Die Männchen sind anhand ihrer 13–18 Präkloakalporen (Günther 1864; Smith 1935; Grismer 1988) gut von den Weibchen zu unterscheiden.

Eublepharis hardwickii Foto: I. Das

Anhand dieser eindeutigen Merkmale lässt sich *E. hardwickii* auch optisch leicht von den übrigen Vertretern der Gattung *Eublepharis* abgrenzen. Allerdings werden zurzeit – so weit uns bekannt ist – weltweit keine Exemplare in Menschenobhut gepflegt. Die einzigen Angaben, die sich auf die Haltung im Terrarium beziehen, stammen von Singh (1985), sind aber sehr spärlich. Er berichtet von Kannibalismus und erwähnt Gelege mit ein oder zwei 20 x 10 mm großen weichschaligen Eiern.

Eublepharis macularius (Blyth, 1854)

Körperbau, Beschuppung und Färbung entsprechen bis auf wenige, aber deutliche Abweichungen dem Befund bei *E. angramainyu*. Wichtigstes Unterscheidungsmerkmal ist die Beschaffenheit der Subdigitallamellen: Diese sind bei *E. macularius* mit Tuberkeln besetzt, während sie bei *E. angramainyu* glatt ausfallen. Außerdem sind die ventralen Bauchschuppen des Körpers nicht sechseckig wie bei *E. angramainyu*. Zudem unterscheiden sich die zwei Arten durch ihre Kopfzeichnung, die jedoch in manchen Fällen zu Fehldeutungen führen kann. Sie ist nämlich bei beiden Arten überaus variabel und kann daher im Einzelfall durchaus sehr ähnlich ausfallen. Eine sichere Artbestimmung kann man deshalb nur anhand der Beschuppung des Bauches bzw. der Beschaffenheit der Subdigitallamellen vornehmen.

Aufgrund der schwierigen Abgrenzung anhand der Körperzeichnung sind die Unterscheidungskriterien der Unterarten von *E. macularius* sehr umstritten. Einfacher gestaltet sich die Bestimmung für den Terrarianer, wenn er den genauen Fundort des jeweiligen Tieres kennt. Gemeinsam mit den Merkmalen von Körperform und Zeichnung ermöglicht es dieses Kriterium, die einzelnen Unterarten voneinander abzugrenzen.

Die Nominatform: *Eublepharis macularius macularius* Foto: F.W. Henkel

Linker Hinterfuß von *Eublepharis macularius macularius* Foto: F.W. Henkel

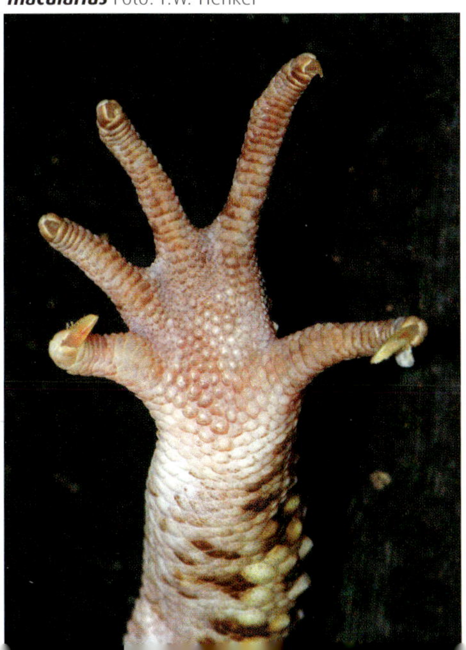

Eine Bestimmung der einzelnen Subspezies lässt sich anhand dieses Schlüssels daher nur mit Vorbehalten vornehmen: Um alle Zweifel auszuräumen, sind unbedingt weitere Untersuchungen nötig.

Eublepharis turcmenicus Foto: Y. Kaverkin

Eublepharis turcmenicus Darevsky, 1978

Eublepharis turcmenicus ist ebenfalls nahe mit *E. angramainyu* verwandt. Das einzige mit bloßem Auge sichtbare Unterscheidungsmerkmal tritt nur an den Männchen beider Arten zutage: bei *E. turcmenicus* sind die Präkloakalporen in der Mitte durch 1–4 Schuppen ohne Poren getrennt. Ihre Anzahl beträgt 5–9, und die der Bauchschuppen liegt bei 20–23. Als weitere äußerliche Unterscheidungskriterien sind nur die Schuppenzahlen der Schwanzsegmente bzw. der Augenlidränder zu nennen. Diese Tatsachen ließen früher die Vermutung aufkeimen, *E. turcmenicus* sei lediglich als Unterart von *E. angramainyu* anzusehen. Die ebenso unübersehbare wie beträchtliche geographische Trennung der beiden Spezies ist jedoch ein Indikator für ihre schon lange währende Isolation und die daraus resultierenden Unterschiede. Der geringere Gelbanteil ist ein weiteres wichtiges Unterscheidungsmerkmal. Jungtiere schlüpfen mit einer Gesamtlänge von etwa 85 mm. Erwachsene (200–230 mm) gehören zu den kleineren Vertretern der Leopardgeckos.

Lebensraum von *Eublepharis turcmenicus* an der iranisch-turkmenischen Grenze Foto: M. Herz

Die Art wurde bislang nur im Grenzgebiet zwischen Turkmenistan und Iran gefunden. Die Bilder von Rustam Berdiev stammen aus dem Gebiet des Kopet-Dag-Gebirges in Turkmenistan an der Grenze zum Iran. Ihren Lebensraum bilden nur spärlich bewachsene Ebenen mit hohem Geröllanteil und zerklüftete Berghänge. Bisher wurden die Geckos nur in Höhenlagen bis etwa 800 m ü. NN angetroffen (Szczerbak & Golubev 1996).

Rösler & Szczerbak (1993) nehmen an, dass die Schlupfmasse von *E. turcmenicus* weniger als 4 g beträgt. Ihre Angaben zum Wachstum eines Jungtieres zeigen eine unterschiedliche Entwicklung von Kopf-Rumpf- und Schwanzlänge. So stellten sie fest, dass die Kopf-

Rumpf-Länge innerhalb von 26 Monaten um 115 % zugenommen hatte: in diesem Zeitraum stieg sie von 110 mm auf 206 mm an. Gleichzeitig erhöhte sich das Gewicht von 6,12 g auf 36,36 g. Ferner beobachteten sie eine Abnahme der Gesamtlänge während der Überwinterung auf 193 mm (Kopf-Rumpf-Länge 114 mm) und eine Gewichtsreduzierung. Diese Angaben beruhen auf Beobachtungen im Terrarium. In der Arbeit wird angemerkt, dass es sich in der freien Natur ganz anders verhalten könnte: Gerade Wachstum und Gewichtszunahme hängen sehr stark von Umweltbedingungen und Futterangebot ab. In Freiheit machen die Geckos eine mehrmonatige Winterruhe durch, weshalb man sie auch im Terrarium während des Winters mindestens 6–8 Wochen kühl halten sollte.

Der Unterartenstatus

Es ist sehr schwierig, eine Unterart eindeutig zu definieren. Die einfachsten Kriterien wären ein unterschiedliches Aussehen, räumlich voneinander getrennte Verbreitungsgebiete und die Möglichkeit einer fruchtbaren Vermischung mit anderen Unterarten. Demnach müssten Vertreter einer Unterart zum einen sichtbare Unterscheidungsmerkmale aufweisen, zum anderen in der Lage sein, sich fruchtbar mit Vertretern anderer Unterarten zu kreuzen. Bei den Unterarten des Leopardgeckos sind aber die Unterscheidungsmerkmale äußerst schwierig zu erkennen, während sich andererseits die Herbeiführung einer fruchtbaren Kopulation häufig als unmöglich erweist. Einige Wissenschaftler lehnen den Unterart-Begriff auch komplett ab: Entweder hat sich eine Spezies genetisch deutlich von einer anderen entfernt (dann ist es eine eigene Art), oder sie befindet sich auf dem Weg dorthin (dann handelt es sich immer noch um dieselbe Art). Durch immer feinere Untersuchungsmethoden (z. B. DNA-Analysen), die einen Einblick in den genetischen Code ermöglichen, kann man die tatsächlichen Verwandtschaftsverhältnisse etwas besser beurteilen. Aber auch das führte erst teilweise zur Entschleierung der Zusammenhänge. Jeder Versuch, die Verwandtschaftsverhältnisse in der Systematik abzubilden, wird stets ein Kompromiss bleiben – nicht nur hinsichtlich der Unterarten. Erschwert wird das Ganze in der Terraristik noch durch die Zusammenführung von Tieren aus völlig verschiedenen Gebieten. Immer wieder bemerkt man im Handel Exemplare, die sich durch Unterschiede in Größe und Habitus auszeichnen, aber bedenkenlos vergesellschaftet und pauschal unter dem Sammelbegriff „Leopardgeckos“ verkauft werden. Wenn es sich dabei um bloße Unterarten handelt, ist eine fruchtbare Vermehrung möglich, und es entstehen u. U. neue „Mischformen“. Das ist etwas anderes als eine selektive Farbzüchtung, wie sie beim Leopardgecko weit verbreitet ist. Dabei spielt nur der natürliche Vererbungsprozess eine Rolle (vgl. den Abschnitt „Wie kann man durch Auslese bestimmte Muster und Farben züchten?“). Unterarten entstehen durch Trennung und Isolation verschiedener Populationen einer Art. Wenn sich nun in einer Population neue Merkmale herausbilden, die sie deutlich von anderen Populationen unterscheiden, so kann das u. U. dazu führen, dass irgendwann eine neue Art entsteht. Dieser Prozess beansprucht normalerweise Tausende von Jahren. Laien verwechseln die Artbildung häufig mit dem bloßen Herauszüchten von neuen Formen oder Rassen, das in sehr übersichtlichen Zeiträumen möglich ist.

Durch Kreuzungsexperimente im Terrarium kann man immer wieder Überraschungen erleben, die nur unter künstlichen Bedingungen möglich sind. So kommt es beispielsweise immer wieder vor, dass sich sogar Vertreter unterschiedlicher Gattungen aus völlig verschiedenen Gebieten fruchtbar miteinander kreuzen. Derartiges ist indes bei Leopardgeckos unseres Wissens bisher noch nicht vorgekommen.

Auf jeden Fall belegen all diese Überlegungen, wie wichtig eine getrennte Haltung selbst unterschiedlicher Gattungen bzw. Arten ist.

Eublepharis macularius afghanicus Foto: A. Börner

Eublepharis macularius macularius (Blyth, 1854)

Börner (1981) nennt folgende Details: *Eublepharis m. macularius* ist eine schlanke, leichtgewichtige Unterart. Ihr lang gestreckter Körper wirkt wenig massig. Sie ähneln stark der (nicht anerkannten) Unterart *E. m. fasciolatus*, lassen sich aber von dieser Subspezies anhand folgender Merkmale unterscheiden: Weniger Lamellen unter dem vierten Finger (12–15) bzw. der vierten Zehe (17–18), lang gestreckte Ventralschuppen, 9–13 Präkloakalporen, insgesamt hellere Färbung (nur eine Reihe dunkler Flecken in den hellen Intervallen des Rückens, sechs dunkle Schwanzbinden).

Ergänzend erhielten wir eine schriftliche Mitteilung (2008) von Börner: *Eublepharis m. macularius* aus der Salt Range (Nordost-Pakistan) sind mittelgroß; sie tragen auf hellgelber Grundfarbe große schwarze Flecken mit doppeltem Abstand, die lila Binden sind fast rechteckig und neigen dazu, nach hinten dreieckig ausgezogen zu sein.

Eublepharis macularius afghanicus Börner, 1976

Dr. Lee Grismer untersuchte 1988 verschiedene Exemplare. Die einzigen Unterschiede gegenüber den anderen Subspezies bilden ihm zufolge das Fehlen einer Binde im Kreuzbereich, das nicht konvergierende Farbmuster und die längere Schnauze.

Morphologische Details nach Börner (1981): 15–16 Lamellen unter dem vierten Finger, 18–21 Lamellen unter dem vierten Zeh, 9–11 Supralabialia, 7–10 Sublabialia, 18–22 Ventralia, 14 Präkloakalporen.

Ergänzend erhielten wir von Börner folgende schriftliche Mitteilung (2008): *Eublepharis m. afghanicus* aus der Region Kabul/Jalalabad (Afghanistan) sind langköpfig und langbeinig, dabei teilweise sehr groß bzw. lang; die lila Bänder sind nach hinten (also in Richtung Kreuz) verschoben und liegen in der hinteren Rückenhälfte praktisch dort, wo sich bei *E .m. macularius* die gelben Intervalle befinden; sie sind allerdings weniger stark ausgeprägt als

Eublepharis macularius fuscus Foto: A. Börner

bei *E. hardwickii*, wo sie auf dem Rumpf doppelt so breit ausfallen wie bei *E. m. macularius*. Achtung, man trifft sogar auf *E. m. macularius* ohne Kreuzbinde, aber dabei handelt es sich um Ausnahmefälle, und die übrigen Binden zeigen die übliche Anordnung. *Eublepharis m. afghanicus* besitzt in aller Regel eine hellgelbe Grundfärbung mit blasslila Binden, die jedoch früh ins Graue umschlagen.

Eublepharis macularius fuscus Börner, 1981

Die Beschreibung dieser Unterart erfolgte anhand eines Weibchens mit einer Gesamtlänge von weniger als 200 mm. Sie mutet aufgrund der Zeichnung recht düster an. Insgesamt wirken die Tiere bräunlich. Ihre Grundfarbe ist ein dunkles Gelb; die breiten, dunklen Querbänder verschmelzen an den Flanken miteinander, während sich auf Kopf und Rücken große, dunkle Flecken finden, die teilweise zu Linien verschmelzen. Eine vertebrale Linie (Aalstrich) ist deutlich zu erkennen. Supralabialia 10–12, Sublabialia 9, Bauchschuppenreihen 22.

Da das von Börner beschriebene Typusexemplar verloren ging, ist ein direkter Vergleich mit den von Das (1997) beschriebenen Tieren nicht mehr möglich. Allerdings bildet auch Börner (1981) ein Exemplar dieser Unterart ab. Bei einem Vergleich der Aufnahmen zeigen sich deutliche Unterschiede im Aussehen der Tiere.

Ergänzend erhielten wir eine schriftliche Mitteilung (2008) von Börner: Bei *E. m. fuscus* aus der Region Mumbai (Bombay) handelt es sich demnach um große, lange und schwere Tiere. Ihre Grundfarbe ist braungelb mit großen schwarze Flecken und lila Querbändern (ohne Tendenz zum Verschmelzen). Das hier abgebildete Tier weicht ein wenig von dem auf dem Foto bei Börner (1981) ab.

Ehemalige Unterarten von *Eublepharis macularius*

Alle sonstigen Unterarten werden heute nicht mehr anerkannt und als Synonyme von *E. m. macularius* geführt. Wir möchten an dieser Stelle aber auf die vorhandenen Unterschiede hinweisen, da es durchaus möglich ist, dass neue Erkenntnisse später erneut zu einer anderen Einordnung führen. Das größte Problem für Terraristik und Wissenschaft resultiert aus der Einfuhr von Tieren aus unterschiedlichen Populationen, die sich morphologisch deutlich voneinander unterscheiden, aber keine eindeutigen Angaben zum jeweiligen Fundort vorzuweisen haben.

Eublepharis macularius fasciolatus Günter, 1864

Die Unterschiede zu den anderen Unterarten beschränken sich nach heutigem Kenntnisstand auf die Zeichnung, berühren also weder Körperbau noch Beschuppung. Bei *E. m. fasciolatus* laufen die Köperbänder zu den Flan-

***Eublepharis macularius fasciolatus* wird heute im Allgemeinen nicht anerkannt.** Foto: A. Börner

ken hin zusammen. Der Aalstrich ist in der vorderen Rückenhälfte deutlich ausgeprägt. Auf dem Hinterkopf befinden sich große, klar abgegrenzte Halbkreisflecken. 4–5 dunkle Querbinden auf dem Schwanz.

Morphologische Details nach BÖRNER (1981): 13–19 Lamellen unter dem vierten Finger, 19–24 Lamellen unter dem vierten Zeh, 8–11 Supralabialia, 7–11 Sublabialia, 16–26 Ventralia, 9–15 Präkloakalporen.

Eublepharis macularius montanus BÖRNER, 1976

Die Körperbänder besitzen eine sechseckige, rautenförmige oder dreieckige Form, wobei die Spitze stets in Richtung des Schwanzes zeigt. Dieses Muster ist schon bei den Jungtieren zu erkennen. Außerdem zeichnet sich der Aalstrich als vertebrale Linie sehr undeutlich ab. Die Kopfzeichnung besteht aus mehreren ungleichmäßig angeordneten Flecken.

Angaben nach BÖRNER (1981): 15–20 Lamellen unter dem vierten Finger, 20–25 Lamellen unter dem vierten Zeh, 9–11 Supralabialia, 8–10 Sublabialia, 24–26 Ventralia, 8–14 Präkloakalporen.

Ergänzend erhielten wir von BÖRNER eine schriftliche Mitteilung (2008): *Eublepharis m. montanus* aus dem Bergland an der afghanischen Grenze sind langbeiniger; sie zeigen auf hellgelbem Grund weniger zahlreiche schwarze Flecken (oft nur eine Reihe in den gelben Intervallen). Bei Exemplaren aus den näher bei Afghanistan gelegenen Regionen reduzieren sich jene zu kleinen Punkten. Die lila Binden sind rhomboid geformt, stehen einander also entlang der Vertebrallinie am nächsten, während sie an den Flanken den weitesten Abstand aufweisen. Anders als bei *E. m. macularius* laufen sie auf den Flanken nicht nur am hinteren, sondern auch am vorderen Rand voneinander weg.

Eublepharis macularius gracilis BÖRNER, 1981

Zu dieser Form teilte uns BÖRNER schriftlich Folgendes mit (2008): *Eublepharis m. gracilis* (ohne Ortsangabe) zeigt eine hellgelbe Grundfarbe mit weißem Aalstrich und schwarze Flecken, die tendenziell Längsreihen bilden; die Querbänder treten nicht oder nur als schwach angedeutete, hellgraue bis weiße und nahezu vollständig runde Kreise in Erscheinung. Vom Gesamthabitus her haben wir es – noch ausgeprägter als bei *E. m. montanus* und *E. m. fasciolatus* – mit ausgesprochen hellen Tieren zu tun.

Eublepharis macularius smithi BÖRNER, 1981

Bei *E. m. smithi* handelt es sich um eine recht schlanke Unterart. Die Anzahl der Tuberkel unter dem vierten Finger (12–13) und unter der vierten Zehe (18–20) ist geringer als bei den anderen Unterarten. Die dorsalen Querbinden zeigen eine rechteckige Form mit rückwärtiger „Kerbe", und die dunklen Dorsalflecken verschmelzen tendenziell zu einem Längsstreifen. Auf dem Kopf befinden sich große, breite Flecken. Der Aalstrich ist deutlich zu erkennen. Diese Unterart trägt auf ihrem Schwanz sechs dunkle Querbänder.

Morphologische Details nach BÖRNER (1981): 12–13 Lamellen unter dem vierten Finger, 18–20 unter dem vierten Zeh; 8–10 Supralabialia, 9–10 Sublabialia, 19–20 Ventralia.

BÖRNER (mdl. Mittlg. 2008) untersuchte ein ausgewachsenes Tier aus der Umgebung von Neu-Delhi mit einer Kopf-Rumpf-Länge von 80 mm. Aufgrund seines schlanken Habitus erinnerte ihn dieses Exemplar stark an Vertreter der Gattung *Coleonyx*.

Wie sieht der typische *Eublepharis macularius* aus?

Diese Frage stellt sich immer wieder, wenn man die unterschiedlichen Farbvarianten in Betracht zieht. Dass sie nicht pauschal beantwortet werden kann, haben wir bereits oben mit den Beschreibungen der einzelnen Unterarten zum Ausdruck gebracht. Wie schwierig es ist, einen typischen Leopardgecko zu beschreiben, erhellt schon der Vergleich der drei

Eublepharis macularius **in der „Normalfärbung"** Foto: W. Schmidt

zurzeit unbestrittenen Arten *E. angramainyu*, *E. macularius* und *E. turcmenicus*, die einander äußerlich stark ähneln.

Vermutlich haben sich durch geographische Isolation innerhalb einer Art verschiedene Populationen gebildet, die äußerlich nur geringfügige Unterschiede aufweisen und auch weiterhin untereinander fruchtbar sind. Ein typisches Beispiel für die erfolgreiche Kreuzung verschiedener Formen aus weit auseinander liegenden Verbreitungsgebieten (in Afghanistan und Pakistan) findet sich bei Seufer et al. (2005). Die Autoren vermuten, dass so die Ausgangsbasis für spätere Farbzuchten entstanden ist.

Dem lässt sich entnehmen, dass es den typischen *E. macularius* auch in der freien Natur aufgrund der hohen Variabilität dieser Art nicht gibt. Wir züchten nicht für die Natur, und es ist zum Glück auch noch nicht erforderlich, Erhaltungszucht zu betreiben. Bisher sind nach unseren Erkenntnissen keine *Eublepharis*-Populationen gefährdet. Farbliche Mutationen kommen auch in der Natur immer wieder vor und sind kein Indiz für die Entstehung einer neuen Art. Allerdings fallen allzu auffällig gefärbte Tiere häufiger Prädatoren zum Opfer, unterliegen also verstärkt der natürlichen Auslese. Infolgedessen haben sich im Laufe der Evolution immer wieder nur die besser angepassten Formen durchgesetzt. Die äußere Erscheinung (Phänotyp) der Geckos hängt also fast immer von derartigen Einflüssen ab. In diesem Zusammenhang spielt die Anpassung an den jeweiligen Lebensraum eine überlebenswichtige Rolle: Folglich findet man in Gebieten mit dunklem Substrat sehr dunkle Tiere, wogegen in solchen mit hellem Untergrund entsprechend aufgehellte Exemplare vorkommen. Ein typisches Beispiel liefert die Färbung von *E. hardwickii*: Diese Geckos leben mehr in bewaldeten Gebieten mit erdigen, nicht besonders hellen Böden. Von daher ist es nicht verwunderlich, dass die Färbung der noch unbeschriebenen Form aus Indien, die wir im Folgenden vorstellen, für ihren bewaldeten Lebensraum charakteristisch ist.

Ein spektakulärer Fund: eine neue, noch unbeschriebene Art?

An dieser Stelle möchten wir auf eine *Eublepharis*-Form hinweisen, die nicht in das Schema der bisher besprochenen Arten passt. Alle Hinweise hierzu verdanken wir Herrn Kishor RITHE (Indien).

Zu den spektakulärsten „geckologischen" Funden der jüngsten Vergangenheit zählt ein Gecko aus Zentral-Indien. Im Tigerreservat Melghat (Bundesstaat Madhya Pradesh) wurde 2005 ein als *E. macularius* eingestufter Gecko entdeckt. Seine Größe betrug angeblich 200–220 mm. Vergleicht man diese Maße mit *E. hardwickii*, müsste das Tier als ausgewachsen gelten. Leider wurde es wissenschaftlich nicht weiter bearbeitet, sodass wir uns hier nur auf das von RITHE übermittelte Bild beziehen können. Dabei scheint dieser Gecko vom äußeren Habitus her näher mit *E. hardwickii* verwandt zu sein als mit allen anderen *Eublepharis*-Arten. Auch sein Lebensraum ähnelt dem der genannten Art: Es handelt sich um ein zusammenhängendes Waldgebiet, das während der Trockenzeit infolge des laubabwerfenden Baumbestands ein völlig anderes Gesicht zeigt.

Insgesamt zeigt dieser Gecko große Unterschiede gegenüber allen bekannten Arten. Seine aubergine Grundfarbe entspricht etwa *E. hardwickii*, wogegen die hellen Querbänder völlig davon abweichen. Die Extremitäten zeigen die gleiche Färbung wie der Körper und keinerlei Fleckenzeichnung. Diese neue Form besitzt eine Nackenbinde, die jedoch – anders als bei *E. hardwickii* – auf dem Rücken nicht in einen Aalstrich übergeht. Dort befinden sich vielmehr zwei schmale, helle Querbinden und eine weitere am Schwanzansatz. Im Gegensatz dazu besitzt *E. hardwickii* nur einen breiten gelben Querstreifen auf dem Rücken und einen am Schwanzansatz. Die kleinen, sehr stark hervortretenden, weit auseinanderliegenden und über den gesamten Körper verstreuten Tuberkelschuppen verleihen diesem Gecko einen mit keiner anderen *Eublepharis*-Art vergleichbaren Habitus. Auch die sichtbaren Achseltaschen hinter den Vorderbeinen sind ein eindeutiges Indiz dafür, dass es sich nicht um eine Variante von *E. hardwickii* handelt. Da dieser Gecko mit keiner bisher bekannten *Eublepharis*-Art übereinstimmt,

Eine unbeschriebene *Eublepharis*-Art aus dem „Melghat Tiger Reservat" Foto: K. Rithe

Blick in den Lebensraum Foto: K. Rithe

scheint es sich tatsächlich um eine neue Spezies zu handeln. Leider lässt sich nicht ermitteln, ob es sich bei diesem Exemplar um ein adultes oder juveniles Tier handelte. Vergleicht man allerdings seine Querbinden mit denen aller anderen *Eublepharis*-Arten, so stellt man sehr schnell fest, dass nur Jungtiere eine derart deutliche Zeichnung aufweisen. Der Schwanz trägt keine weiteren Binden. Obwohl er etwa zu zwei Dritteln regeneriert ist, müsste eine Bindenzeichnung erkennbar sein, falls es eine solche gäbe. Für den Fall, dass es sich um ein Jungtier handelt, liegt allerdings die Vermutung nahe, dass die Art etwa die gleiche Größe erreicht wie *E.* cf. *fuscus*. Demnach müsste eine weitere Spezies mit mehr als 300 mm Gesamtlänge existieren. Umso erstaunlicher mutet es an, dass von einem derart stattlichen Gecko bisher nur ein Exemplar nachgewiesen wurde.

Weitere Formen, die keinen bekannten Arten bzw. Unterarten eindeutig zuzuordnen sind

Im Folgenden wollen wir verschiedene, *E. macularius macularius* nahestehende Formen aufführen, die sich von der Nominatform durch morphologische und farbliche Besonderheiten abgrenzen. Dabei haben wir es nicht mit sogenannten Zuchtformen, sondern mit Tieren aus der Natur zu tun. All diese Geckos sind über den Handel aus Pakistan importiert worden. Diese drei von uns aufgeführten *Eublepharis* spec. sind nur Beispiele für die vielen unterschiedlichen Formen, die auf diesem Wege immer wieder in unsere Terrarien gelangen.

Eublepharis spec. I („Brauner Leopardgecko"):

Diese Form fällt auf den ersten Blick durch ihre Färbung auf. Darüber hinaus sind jedoch weitere Besonderheiten zu registrieren: Es handelt sich um große, robuste Geckos mit einer Gesamtlänge von 245 mm; dabei entfallen 103 mm auf den Schwanz. Die Köperoberseite ist hellbraun gefärbt und deutlich von der weißen Bauchseite abgegrenzt. Auf dem Rücken finden sich häufig 2–3 dunkelbraune, unterschiedlich große Flecken aus einzelnen Kegelschuppen (die aber auch komplett fehlen können). Der Kopf setzt sich durch die vielen dunklen Schuppen, die größere Flecken und teilweise Linien bilden, deutlich vom Körper

Zehn Tage altes Jungtier der „braunen Morphe"
Foto: T. Kowalski

Porträt eines „Spitzköpfigen Leopardgeckos" Foto: F.W. Henkel

ab. Auf den Extremitäten findet man keinerlei Zeichnungsmuster. Wenn man diese „leuzistischen" Leopardgeckos näher betrachtet, könnte man zu dem Schluss gelangen, dass es sich um eine Zuchtform handelt. Allerdings sind die Tiere zweifelsfrei mit einer Sendung aus Pakistan eingeführt worden.

Morphologische Details: 10 Supralabialia, 9–10 Sublabialia, 18–20 Lamellen unter der vierten Zehe, 14 Präkloakalporen.

Eublepharis spec. II („Spitzköpfiger Leopardgecko"): Diese Form fällt durch ihre etwas schmalere Schnauze auf. Farblich entspricht sie einem „normalen" *E. m. macularius*. Auffällig wirken die dunkelbraunen Schuppen unterhalb der Analregion bei einem Männchen. Eine zweijährige Haltung mit einem Weibchen von *E. m. macularius* führte nicht zu befruchteten Gelegen, und auch eine Paarung konnte nie beobachtet werden.

Einige Details zur Morphologie: 9–10 Supralabialia, 9 Sublabialia, 22 Lamellen unter der vierten Zehe, 15 Präkloakalporen.

Eublepharis spec. III („Kleiner, dunkler _Eublepharis_"): Hier haben wir es mit sehr dunkel wirkenden Geckos zu tun, die in Henkel et al. (2000) als *E. m. fuscus* und *Eublepharis* spec. bezeichnet wurden. Beide Formen sind miteinander identisch. Durch ihre zahlreichen dunkelbraunen Flecken, die teilweise zu Linien verschmelzen, wirken sie sehr dunkel. Wir möchten sie aber hier als eigene Form vorstellen, obwohl die Übereinstimmungen mit dem Bild und den Daten von Börner (1981) für *E. m. fuscus* frappierend sind. Allerdings gibt Börner nur eine Gesamtlänge von etwas über 150 mm an. Da wir aber keine genauen Fundpunkte kennen, soll es hier bei einem Verweis auf diese Form von *E. macularius* bleiben. Ihre Grundfärbung ist braun und wird durch die gelben,

***Eublepharis* spec. III ähnelt stark den von Börner als *E. gracilis* beschriebenen Tieren.** Foto: T. Kowalski

vereinzelt auftretenden Kegelschuppen etwas aufgehellt. Der helle Bauch hebt sich schon an den Flanken deutlich von der Oberseite ab.

Morphologische Details: Gesamtlänge 205 mm, 10 Supralabialia, 9 Sublabialia, 20 Lamellen unter der vierten Zehe, 13 Präkloakalporen.

Porträt eines „kleinen, dunklen Leopardgeckos" (*Eublepharis* spec. III)
Foto: F.W. Henkel

„Black Velvets" (*Eublepharis* spec. IV), Jungtier und adultes Exemplar Fotos: L. Aronson

***Eublepharis* spec. IV („Black-Pearl-Leopardgecko"):** In diesem Falle handelt es sich um einen sehr dunkel bis nahezu schwarz gefärbten Leopardgecko, dessen Herkunft nicht genau geklärt werden kann. Vermutlich handelt es sich um Wildfänge (vgl. www.livingartgeckos.com). Jungtiere besitzen ein dunkles, aber typisches Zeichnungsmuster, das sich während der Entwicklung vollständig verliert. Die ausgewachsenen Tiere zeigen eine samtig schwarze Färbung. Weitere Angaben können wir nicht machen, da wir sie auch nur von Bildern her kennen. Unklar ist auch die Beziehung zu der Farbmorphe „Black Velvet".

Jungendfärbung und Zeitpunkt der Umfärbung

Wie bei vielen Gecko-Arten besitzen auch die Jungtiere von *E. macularius* ein typisches Zeichnungsmuster, das sich im Laufe der Entwicklung stark verändert. Von einer einheitlichen Jugendfärbung kann jedoch genauso wenig wie von einem typischen Farbmuster bei den ausgewachsenen Tieren die Rede sein. Allerdings wirken die Jungtiere innerhalb einer örtlichen Population doch recht einheitlich. Auch gibt es in der Jugendfärbung Unterschiede zwischen den Arten, Unterarten und Farbzüchtungen der Leopardgeckos. Es herrscht allerdings ein bestimmtes Grundmuster vor – sowohl für die Jugendfärbung als auch für die ausgewachsenen Tiere der Wildform von *E. macularius*.

Die Strukturen der Zeichnungselemente, die bei den Jungtieren klar abgegrenzt sind, gehen bei den adulten Tieren eher ineinander über bzw. verschwimmen mehr oder minder stark. So besitzen Schlüpflinge überwiegend eine Zeichnung aus mehr oder weniger breiten Bändern, die sich farblich scharf gegeneinander absetzen. Sie beginnt mit einer dunklen Kopfzeichnung. Darauf folgen eine meist cremeweiße bis gelbliche Halsbinde und anschließend eine Reihe von 3–4 schwarzen oder dunkelbraunen Querbändern auf cremeweißen bis gelben Untergrund, die sich bis zum Schwanzansatz ziehen. Der Schwanz selbst ist schwarz-weiß geringelt. Während die Zeichnung des Oberkörpers an der Grenze zur hellen Bauchunterseite endet, sind die Binden am Schwanz zu Ringen geschlossen. Im Laufe der Entwicklung des Jungtieres löst sich diese Querbänderung immer weiter auf. Das ist wohl die häufigste Zeichnungsvariante.

Daneben trifft man immer wieder Jungtiere mit Streifen und/oder größeren Flecken an. Derart markante Zeichnungsvarianten bleiben auch im ausgefärbten Zustand zumindest annähernd erhalten. Allerdings ist die kontrastreiche klare Abgrenzung der Linien und Farben bei den Adulti häufig nicht mehr so deutlich zu erkennen. Die Färbung ausgewachsener Geckos lässt sich nicht immer sicher von ihrer Jugendzeichnung ableiten. Auch die Intensität der Farben kann im voll ausgefärbten Zustand weniger markant ausfallen. Diese einheitlichen Muster und Farben finden sich fast ausschließlich bei Wildfängen, da die Nachzuchten durch Auslese häufig völlig anders aussehen.

Je nach Haltungsbedingung und Ernährung verändern die Geckos nach einigen Monaten ihre Färbung. Als Alter zum Zeitpunkt der Umfärbung gibt Broghammer (1998) ca. 6 Monate an, während bei Wilms (1989) zwei Jungtiere bereits nach ca. 5 Monaten ausgefärbt waren. Zu dieser Zeit waren die Geckos aber noch nicht geschlechtsreif. Bei seinen Untersuchungen stellte Wilms (1989) fest, dass die Geschlechtsreife in der Regel mit der 32.–35. Woche einsetzt. Dies hängt indes im Einzelfall sehr stark von den konkreten Haltungsbedingungen ab: Eine längere kühle Phase übt nachweislich einen großen Einfluss auf die Entwicklung (und damit auch auf den Zeitpunkt der Umfärbung) aus. So haben wir beispielsweise Schlüpflinge vom Juli eines Jahres im folgenden Winter in noch nicht umgefärbten Zustand ca. drei Monate kühl überwintert, worauf sie im Juli des nächsten Jahres bereits eine Gesamtlänge von 12–15 cm aufwiesen, aber immer noch nicht umgefärbt waren. Interessanterweise war nach über 12 Monaten die Geschlechtsreife noch nicht eingetreten. Es ist also nicht ganz so einfach, aus der Färbung Rückschlüsse auf das Alter und die Geschlechtsreife zu ziehen bzw. diese Faktoren voneinander abzuleiten.

Dasselbe Individuum als Jungtier und als Erwachsener Fotos: W. Schmidt

Semiadulte Gruppe der „braunen Morphe“ Foto: T. Kowalski

Wachstum und Zeichnungsänderung bei einem Jungtier, aufgenommen am 02.01., 13.03. und am 27.07. Fotos: F.W. Henkel

Über den Einfluss der Zeitigungstemperatur auf die Färbung

Nur unzureichend erforscht ist bislang der bemerkenswerte Umstand, dass die Inkubationstemperatur nicht nur das Geschlecht (s. unten), sondern – zumindest teilweise – auch die Färbung von Leopardgeckos beeinflussen kann. Eine Beobachtung konnten schon viele Geckozüchter machen: Niedrige Zeitigungstemperaturen wirken sich allem Anschein nach auf die Produktion bzw. das Vorhandensein des dunklen Farbstoffes Melanin aus. Worum es sich bei diesen Phänomenen genau handelt bzw. in welchem Umfang sie auftreten und welche Möglichkeiten sich daraus für die Zucht von Farbmorphen ergeben, ist noch nicht erforscht. Nach Vosjoli et al. (2005) gilt folgende Faustregel: je niedriger die Zeitigungstemperatur, desto dunkler die Färbung der Nachzuchten insgesamt. Der Umkehrschluss lautet demzufolge: höhere Inkubationstemperaturen sorgen für ein helleres Farbkleid. Inkubiert man die Eier bei 32,2 °C, so schlüpfen Tiere mit dem geringsten Anteil an dunklen Farbpigmenten. Allerdings scheinen derart helle Farbtrachten nicht von Dauer zu sein, denn spätestens nach der ersten Überwinterung treten vermehrt dunkle Pigmente auf. Dieses Phänomen konnten wir bei unseren normal gefärbten Leopardgeckos nicht feststellen.

Körperbau

Leopardgeckos besitzen einen walzenförmig-gedrungenen Körper, der an der Oberseite leicht abgeflacht ist. Bei gesunden Nachzuchten sollte man weder die Rippen noch die Beckenknochen erkennen können. In der Natur kommt es allerdings immer wieder vor, dass nach längeren Fastenperioden stark abgemagerte Tiere gefunden werden.

Der massige, nur schwach vom Körper abgesetzte Kopf läuft nur mäßig spitz zu. Auffallend wirken die großen, seitlich angeordneten Augen.

Kurz vor der Häutung wirkt das Schuppenkleid der Geckos blass. Foto: F.W. Henkel

Die alte Haut wird von den Geckos bei der Häutung aufgefressen. Foto: F.W. Henkel

Die Haut von Leopardgeckos ist in der Regel mit sehr feinen Schuppen bedeckt und fühlt sich daher leicht samtig an. Sie schützt die Tiere vor äußeren Einflüssen (dies umfasst neben dem mechanischen Schutz vor allem die Verhütung von Wasser- und Wärmeverlust). Um vor äußeren Einflüssen schützen zu können, ist in der obersten Hautschicht verstärkt Keratin eingelagert, sodass dort eine regelrechte Hornschicht entsteht; da diese nicht mitwachsen kann, muss die äußere Hülle durch regelmäßige Häutungen erneuert werden. Bei Jungtieren geschieht dies häufiger als bei Erwachsenen, da sie sich noch in einer ausgeprägten Wachstumsphase befinden – zum ersten Mal kurz nach dem Schlupf. Das Bevorstehen einer Häutung erkennt man an einer leichten Eintrübung der Haut, die sich am Ende, beginnend an der Schnauzenspitze, in zumeist größeren Fetzen ablöst. Dabei versuchen die Leopardgeckos, ihre alte Hülle (Exuvie) aktiv abzustreifen und unterstützen diesen Vorgang, indem sie mit dem Maul oder den Füßen nachhelfen. In der Regel fressen sie die alte Haut dabei auf.

Die Gliedmaßen sind kräftig, wobei die vorderen oftmals dünner als die hinteren ausfallen. Jeder Fuß trägt fünf dünne Zehen, die jeweils an der Spitze mit einer Kralle bewehrt sind. Wie alle Lidgeckos besitzt auch diese Art keine funktionsfähigen Haftlamellen. Ihre Zehen enden in den bereits erwähnten Krallen, die spitz und stark gekrümmt sind. Sie können auch nicht eingezogen werden. Mit ihrer Hilfe können die Tiere sicher auf steinigen und anderen festen Untergründen laufen, Höhlen graben und sogar senkrechte, leicht raue Wände erklimmen. Bei der Häutung ist immer darauf zu achten, dass an den dünnen Zehen keine Häutungsreste verbleiben. Diese können sonst die Durchblutung behindern oder gar unterbinden, sodass das betreffende Glied abstirbt.

Der längliche Schwanz ist im Querschnitt rundlich und verjüngt sich zur Spitze hin stark. Er erfüllt recht vielfältige Funktionen, so dient er z. B. zur einfachen Bewegungskoordination beim Laufen, Klettern und Springen. Außerdem nutzen ihn die Geckos als Nährstoffspeicher. Dort werden die Nahrungsreserven in Form von Fetten eingelagert, die in der Natur als Notvorräte für die Zeit der Winter- oder Sommerruhe dienen. Dies erklärt, warum es im Terrarium leicht zum Verfetten dieser Tiere kommen kann. Der Organismus des Leopardgeckos ist nun einmal darauf ausgelegt, in Zeiten üppigen Nahrungsangebotes vorsorglich Fettreserven anzusammeln. Bietet man den entsprechend „gefräßigen“ Geckos im Terrarium daher permanent üppig Futter an, so können die Tiere unter normalen Umständen ihre gebildeten Fettpolster nicht mehr abbauen. Daher muss man den Ernährungszustand seiner Tiere regelmäßig kontrollieren und sie unter Umständen Fastenzeiten einlegen lassen.

Alle Geckos zeichnen sich durch ein besonderes Schutzverhalten aus, das man wissenschaftlich als Autotomie bezeichnet. Sie sind in der Lage, ihren Schwanz aktiv abzuwerfen und anschließend wieder nachwachsen zu lassen. Dafür gibt es im Schwanz mehrere sogenannte Sollbruchstellen, die nicht etwa – wie man vermuten würde – zwischen den Schwanzwirbeln liegen, sondern sich als Hohlkörper in der Mitte einiger basaler Schwanzwirbel befinden. Wird ein Leopardgecko am Schwanz ergriffen, so kann er diesen an der entsprechenden Sollbruchstelle abwerfen, worauf sich das abgeworfene Teil stark windet bzw. zuckende Bewegungen ausführt, die nach einigen Minuten allmählich nachlassen und schließlich ganz aussetzen. Der Zweck dieses Phänomens liegt darin, dass der abgeworfene Schwanzteil durch seine Zuckungen die Aufmerksamkeit des Angreifers voll auf sich zieht und somit vom Gecko ablenkt, damit dieser unbehelligt entkommen kann. Die anschließend in relativ kurzer Zeit entstehende Neubildung (Regenerat) unterscheidet sich in Länge, Dicke, Form, Zeichnung, Beweglichkeit und Hautbeschaffenheit deutlich vom Originalschwanz. Das Regenerat ist zumeist leicht rübenförmig und entfaltet sich eher in die Breite statt in der Länge. Dabei trägt es eine großflächige gepunktete, bisweilen undeutlichere Zeichnung, deren Elemente insgesamt weniger scharf abgegrenzt wirken. Innerhalb des regenerierten Abschnitts kann der Schwanz nicht mehr abgeworfen werden, und auch seine Beweglichkeit geht teilweise verloren; so ist ein Schlängeln nur noch bedingt möglich.

Besondere Erwähnung verdienen auch die bei allen Leopardgecko-Arten unterschiedlich ausgeprägten „Achseltaschen“, deren Funktion bis heute ungeklärt ist. Anderson (1963) fand darin bei *E. angramainyu* zahlreiche Milben. Bauer et al. (1993) vermuten, dass es sich schlichtweg um eine evolutionäre Anpassung der Haut an die Art der Fortbewegung handelt.

Alle männlichen Leopardgeckos besitzen eine Anzahl von Präkloakalporen, die bei den Weibchen nur z. T. und immer deutlich schwächer ausgeprägt sind. Sie verlaufen zumeist leicht V-förmig oberhalb der Kloake. Mit ihnen erzeugen die Leopardgeckos ein gelbliches, klebriges Sekret, das u. a. zur geruchlichen Reviermarkierung dient. Nimmt man ältere Männchen in die Hand, so kann man diese wachsartige, gelbliche Substanz teilweise bei genauem Hinsehen sogar erkennen. Aber auch bei der Artbestimmung können diese Poren hilfreich sein. Die Männchen von *E. macularius* besitzen etwa 8–17 dieser Poren,

Der Schwanz kann bei Leopardgeckos leicht abbrechen (Autotomie). Vier Wochen nach dem Schwanzverlust ist das Regenerat schon gut ausgebildet. Fotos: F.W. Henkel

die sparrenförmig eine geschlossene Reihe bilden, während jene z. B. bei *E. angramainyu* und *E. turcmenicus* in der Mitte durch Schuppen ohne Poren unterbrochen sind.

Als Letztes wären die bei allen Leopardgeckos vorhandenen paarigen Postanalsäckchen zu nennen, die kurz hinter der Kloakenöffnung unter der Schwanzwurzel liegen. Auch ihre Funktion ist noch nicht eindeutig geklärt. Nach GREENBERG (1943) dienen sie zur Entlastung des zweiten bei der Paarung nicht eingesetzten, aber dennoch angeschwollenen Hemipenis.

Das Auge und die übrigen Sinnesorgane

Die wichtigsten Sinnesorgane, mit denen sich die Leopardgeckos in ihrer Umgebung zurechtfinden, sind Augen, Nase, Zunge und Ohren, wobei Erstere alle anderen an Bedeutung überragen, da sich die Tiere fast ausschließlich optisch orientieren. An den verhältnismäßig großen, an den Kopfseiten gelegenen Augen fällt zuerst die gelbbraune bis goldfarbene Iris mit ihrer bis auf einen schmalen, senkrechten Spalt verschließbaren Pupille auf. Diese sogenannte Schlitz- oder Spaltpupille zieht sich bei starkem Lichteinfall – wie der Name schon andeutet – bis auf einen Spalt zusammen und öffnet sich um so weiter, je dunkler es wird. Leopardgeckos sind dank ihrer Lider imstande, ihre Augen zu verschließen und so gegen übermäßigen Lichteinfall oder mechanische Verletzungen zu schützen, die etwa bei Beißereien, beim Ergreifen von Futtertieren oder beim Graben entstehen könnten.

Auge der braunen Morphe Foto: F.W. Henkel

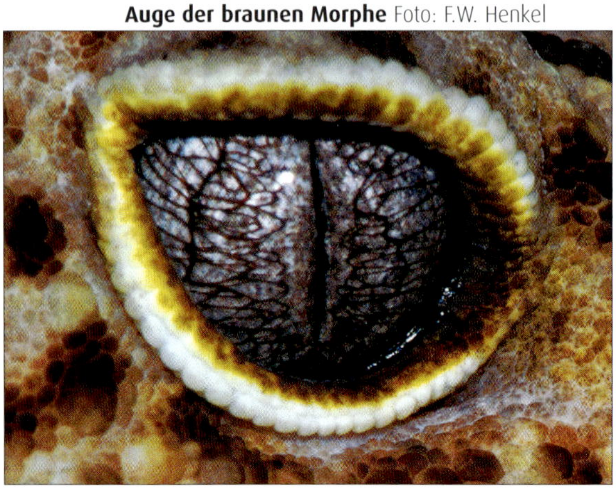

Neben der „natürlichen" Augenfarbe gibt es inzwischen auch sehr attraktive Zuchtvarianten. Zum einen findet man schwarzäugige Tiere, die sogenannten „Eclipses" (Spielart „Black-eyed Eclipse"), zum anderen die besonders auffälligen „Snake Eyes". Dabei handelt es sich um Tiere mit farblich zweigeteilten Augen: Die eine Hälfte der Iris ist schwarz, die andere wildfarben gefärbt. Bei „Albinos" sind die Augen nur in seltenen Fällen wirklich rot, häufig zeigen sie nur einen leicht rötlichen Schimmer, und mit zunehmendem Alter werden sie gräulicher. Wer „Albinos" mit wirklich roten Augen pflegt, muss unbedingt deren erhöhte Lichtempfindlichkeit berücksichtigen. Schon einfaches Tageslicht in einem normalen Zimmer scheint diesen Geckos unangenehm zu sein, da sie immer versuchen, ihre Augen zuzukneifen. Solche Tiere sollten auch tagsüber recht dunkel, also ohne künstliche Beleuchtung gepflegt werden.

Wie fast alle Wirbeltiere besitzen auch Leopardgeckos Linsenaugen, die allgemein als am höchsten entwickelte Form gelten und den Tieren ein bildhaftes Sehen ermöglichen. Aufgrund ihrer seitlichen Augenstellung sind die Tiere aber fast ausschließlich zum monokularen Sehen befähigt. Lediglich im vorderen Sektor überschneiden sich die Gesichtsfelder der beiden Augen um einige wenige Grade und ermöglichen dort ein binokulares, also räumliches, Sehen.

Früher ging man davon aus, dass binokulares Sehen die unabdingbare Voraussetzung für eine optimale „Scharfeinstellung" ist. Wer aber jemals beobachtet hat, wie geschickt Leopardgeckos ihre Beute durch einen raschen Vorstoß mit dem Maul ergreifen, dürfte kaum

Zweifel an der räumlichen Sehfähigkeit dieser Tiere hegen. Wie dieser Prozess genau funktioniert, ist noch nicht geklärt. Vermutlich ist dafür eine doppelte „Blendeinrichtung" aus Lidloch und Pupille verantwortlich; hinzu kommen ferner zwei Foveae (Sehgruben), welche die ins Auge einfallenden Lichtstrahlen in die Mitte der Retina (Netzhaut) leiten.

Über die Bedeutung des Geruchssinns ist sich die Fachwelt noch uneinig. Wie bei allen Reptilien befinden sich auch beim Leopardgecko auf einer Membran in der Nasenhöhle sogenannte Geruchsepithele, die für die eigentliche Wahrnehmung von Duftstoffen sorgen. Daneben besitzen die Echsen das sogenannte Jacobson'sche Organ, das sich im vorderen Gaumendach befindet. Dabei handelt es sich um eine komplex aufgebaute paarige Sinnesgrube, die unabhängig von der Nase Geruchsreize wahrnehmen bzw. analysieren kann. Allerdings müssen die Duftstoffe dazu im Speichel gelöst und mittels der Zunge über einen Gang im Gaumendach zum erwähnten Organ geleitet werden. Einige Reptilienarten – z. B. Schlangen und Warane – verlassen sich sehr stark auf dieses Organ und züngeln deshalb unablässig mit ihrer langen, schlanken Zunge. Grundsätzlich würde man ein derartiges Phänomen beim Leopardgecko eher ausschließen, da er eine dicke, fleischige Zunge besitzt, die kaum zum Transport von Duftstoffen geeignet scheint. Doch dieser Eindruck täuscht, denn das sehr bewegliche, an der Spitze leicht gespaltene Organ kann durch Züngeln durchaus aktiv Duftpartikel aufnehmen und zum Jacobson'schen Organ transportieren. Nach BRILLET (1990) nehmen Leopardgeckos durch Bezüngeln der Körperoberseite oder des Bodensubstrates eine Vielzahl an Duftsignalen wahr, anhand derer sie z. B. das Geschlecht ihres Gegenübers bestimmen können. Dies ist sehr wichtig, da sich Männchen und Weibchen optisch kaum unterscheiden. Zu den weiteren Aufgaben des Jacobson'schen Organs gehört allem Anschein nach die Identifizierung von Beutetieren, denn wenn Geckos versehentlich einen unappetitlichen Futterbrocken erwischen, spucken sie ihn unverzüglich aus.

Als weiteres Sinnesorgan muss das Ohr erwähnt werden. Es ähnelt in Aufbau und Funktion dem aller höheren Wirbeltiere. Überdies sind Leopardgeckos zu Lautäußerungen befähigt, die sich am treffendsten als Quietschen oder Quäken bezeichnen lassen. So erzeugen sie etwa Töne, wenn sie sich bedroht fühlen oder in Streit geraten. Überdies wurde schon beobachtet, dass paarungsunwillige Weibchen auf diese Weise zudringliche Männchen abwehren.

Der Wahrnehmung dienen auch zahlreiche Sinneszellen in der Haut. So können die Tiere z. B. auch bei völliger Dunkelheit auf leichteste Berührungen reagieren oder Feinden ausweichen. Vermutlich sind sie auch in der Lage, bereits minimale Erschütterungen des Bodens wahrzunehmen.

Verhalten und Aktivität

Wer sich etwas eingehender mit diesen sehr interessanten und attraktiven Geckos beschäftigt, wird erstaunt sein, wie wenig Informationen über ihre Lebensweise in der Natur vorliegen. Freilanduntersuchungen (und seien es vereinzelte Beobachtungen) sind entweder gar nicht oder nur sporadisch dokumentiert. Auch wer vermutet, dass das Verhalten dieses altvertrauten Bewohners unserer Terrarien zumindest dort genauer untersucht worden sei, sieht sich ebenfalls enttäuscht. Erstaunlicherweise stellt der Leopardgecko also immer noch ein lohnendes Objekt für künftige Studien dar.

Es handelt sich um recht ruhige Echsen, die bei Dämmerung und nachts auf die Jagd gehen. Den Tag verbringen sie meist verborgen in ihrem Versteck. Nur selten kann man sie tagsüber schlafend (mit geschlossenen Augen) frei im Behälter antreffen. Als Terrarientiere legen sie in der Regel schon nach wenigen Tagen ihre Scheu ab, werden sogar regelrecht zutraulich und laufen spätestens nach einigen

Wochen in der Hoffnung auf Futter zur Frontscheibe, sobald eine Person das Zimmer betritt. Vermutlich ist es just diese Eigenschaft, die (zusammen mit ihrem attraktiven Aussehen) für die enorme Beliebtheit dieser Tiere sorgt. Von Jagdverhalten kann man bei solchen Geckos wohl nicht mehr sprechen, eher von Futterbetteln. Wer seine Tiere allerdings nicht übermäßig füttert, kann ihre Jagdtaktik unschwer beobachten: Kaum ist die Terrarienbeleuchtung erloschen, verlassen die Geckos ihre Schlafplätze und durchstreifen scheinbar ziellos den Behälter – immer auf der Suche nach etwas Fressbarem. Haben sie ein Insekt gesichtet, wird dieses verfolgt und nach einem kurzen Sprint erhascht. Kleinere Beutetiere werden kurz mit den Kiefern zerquetscht und sodann verschlungen, während größere, wehrhafte Tiere erst nach heftigem Schütteln und Schlagen gegen den Untergrund gefressen werden. Ihren Wasserbedarf decken die Geckos indem sie aus einem Napf trinken oder das morgendliche Sprühwasser auflecken.

Männliche Leopardgeckos zeigen ein ausgesprochenes Revierverhalten. Sie verteidigen ihr Terrarium (Territorium) unerbittlich gegen alle dort eingesetzten Männchen. Begegnen sich zwei Kontrahenten, so reagieren sie als Erstes mit leichten Vibrationen der Schwanzspitzen. Hoch aufgerichtet (hierzu drücken sie ihre Beine durch und machen eine Art Katzenbuckel, um größer zu wirken) umkreisen die Männchen einander eine Zeitlang. Falls diese Warnungen nicht zum gewünschten Erfolg führen und sich keiner der beiden zurückzieht, stürmen sie – teilweise unter sogenanntem Seitwärtsdrohen – mit geöffnetem Maul und lauten Fauchtönen aufeinander los. Nun entbrennen regelrechte Beschädigungskämpfe, bei denen sie ihrem Gegner mit den kräftigen Kiefern schwere Verletzungen zufügen können. Nach einer kurzen Beißerei sucht das unterlegene Tier gewöhnlich rasch das Weite. Während sich das schwächere Männchen in der freien Natur weiteren Attacken durch den Sieger entziehen kann, fehlt im Terrarium ein solcher Fluchtraum. Das dominante Männchen ver-

Die Beute wird fixiert ...

... und anschließend gefasst. Fotos: F.W. Henkel

folgt das unterlegene weiterhin und wird es immer wieder angreifen, bis jenes an Erschöpfung (Stress) und/oder den zugefügten Bisswunden stirbt. Daher ist die gemeinsame Haltung mehrerer Männchen in einem Behälter völlig unmöglich. Auch zwischen Weibchen kann es gelegentlich zu Streitigkeiten (bis hin zu Beißereien) kommen. Oft bemerkt man sie erst viel zu spät. Das eingeschüchterte, unterlegene Tier geht zögerlicher ans Futter und beginnt, nach einer gewissen Zeit zu kümmern (was sich leicht daran ablesen lässt, dass es sichtbar abmagert). Reagiert der Halter rechtzeitig und isoliert solche Geckos, so erholen sich die Tiere recht schnell, und man kann sie später wieder in eine Gruppe integrieren. Nur durch Zufall konnte beobachtet werden, dass sich besonders Männchen auch gegenüber artfremden Geckos sehr unverträglich gebärden. Konkret vermögen wir dies für einen Westafrikanischen Krallengecko (*Hemitheconyx caudicinctus*) zu belegen, der durch unglückliche Umstände selbstständig in das Terrarium einer Gruppe *E. macularius* gelangt war, wo sich die Tiere auf die oben beschriebene Weise sehr heftig bekämpften.

Zumindest während der Fortpflanzungszeit markieren die Männchen von *E. macularius* ihr Revier (Thorogood & Whimster 1979). Hierzu reiben sie ihre Präkloakalporen, die ein gelbliches, wachsartiges Sekret absondern, das vermutlich Pheromone (Sexuallockstoffe) enthält, an verschiedenen Gegenständen.

Dass die Echsen hin und wieder auch nach dem Finger des Halters schnappen, erfolgt oftmals mehr aus Futtergier als zur Verteidigung. Jedoch trifft man immer wieder auf sehr aggressive Tiere, die auch gegenüber Ihrem Pfleger das artspezifische Verteidigungs- Angriffsverhalten zeigen. Sobald sie eine Bedrohung fühlen, richten sie sich hoch auf, machen einen Katzenbuckel und springen die Hand unter aggressiven Fauchtönen an, um sofort zu-

Beim Fressen werden die Augen geschlossen.
Foto: F.W. Henkel

zubeißen. Dank ihres kräftigen Kiefers können sie recht schmerzhafte kleine Bissverletzungen verursachen. Ein weiteres Verteidigungsverhalten gegenüber Prädatoren (Fressfeinden) besteht im Ausscheiden von Exkrementen, sobald das Tier ergriffen wurde.

Besondere Erwähnung verdient schließlich ein ganz ungewöhnliches Verhalten. *Eublepharis macularius* und *E. turcmenicus* setzen ihre Exkremente im Terrarium stets am gleichen Platz ab. Über die Hintergründe dieses Phänomens kann einstweilen nur spekuliert werden. Rösler (1995) vermutet, dass solche individuellen Kotplätze als Sicht- und Geruchsmarken dienen, die (Revier-)Grenzen kennzeichnen. Für diese Vermutung spricht, dass es sich um ein rein instinktives Verhalten handelt, das keineswegs als haltungsbedingte Anpassung zu erklären ist. Szczerbak & Golubev (1996) fanden derartige Exkrementansammlungen bei *E. turcmenicus* auch in freier Natur. Im Hinblick auf die Pflege im Terrarium stellt dieses Verhalten eine angenehme Erleichterung dar, da infolgedessen nur eine Stelle regelmäßig gereinigt werden muss.

Leopardgeckos gehören wie alle Reptilien zu den wechselwarmen Tieren. Demzufolge sind sie – anders als Säugetiere und Vögel – nicht in der Lage, ihre Körpertemperatur selbstständig konstant zu halten oder zu erhöhen; vielmehr hängt jene im Wesentlichen von der jeweiligen Umgebungstemperatur ab. Damit die Echsen voll aktiv werden können, müssen sie sich bis auf ihre Vorzugstemperatur erwärmen, die nach Untersuchungen von Angiletta et al. (1999) bei Jungtieren und ausgewachsenen Exemplaren gleichermaßen bei 28,2 °C (+/- 0,6 °C) liegt. Um sie aufrechtzuerhalten, suchen die Geckos wärmere Verstecke wie sonnenexponierte Höhlen unter dünnen Steinplatten auf. Nachts legen sie sich auch gerne auf noch aufgeheizte Steine, um dort Wärme zu tanken. Beobachtungen in der Natur haben gezeigt, dass die stärkste Aktivität in feuchtwarmen, windstillen Nächten zu verzeichnen ist.

Auch andere Klimafaktoren beeinflussen die Aktivität, darunter selbstverständlich der Wechsel von Tag und Nacht, aber vermutlich auch die Feuchtigkeit. In den Heimatländern der Echsen fällt der Niederschlag überwiegend im Sommer, also während der aktiven Zeit der Leopardgeckos.

Die kalte Saison verbringen die Tiere in frostsicheren Verstecken. Genaue Freilanduntersuchungen über die Dauer dieser Phase bzw. den Zeitpunkt, zu dem die Echsen ihre Winterquartiere wieder verlassen, liegen bislang leider nicht vor. Es gibt auch keinerlei Hinweise auf eine Sommerruhe. Da diese bei anderen Lidgeckos (z. B. *Hemitheconyx caudicinctus*) während der heißesten Jahreszeit aber belegt ist, darf man sie wohl (zumindest in bestimmten Regionen bzw. Populationen) auch für den Leopardgecko vermuten.

Winterruhe

Entgegen landläufiger Meinung halten Leopardgeckos wohl keinen wirklichen „Winterschlaf" und fallen auch nicht in eine Winterstarre. In freier Natur überdauern sie die klimatisch ungünstige (kalte) Jahreszeit (mit Außentemperaturen von teilweise unter -20 °C) inaktiv in geschützten Verstecken. Leider liegen auch hierzu noch keine genauen Freilandbeobachtungen vor.

Auch im Terrarium sollten die Tiere eine Möglichkeit zur Winterruhe erhalten, indem man die Temperaturen für circa 2–3 Monate deutlich absenkt. Solch eine Ruhephase fördert die Gesundheit und stellt einen Auslösefaktor für das Fortpflanzungsverhalten dar.

Eine solche Winterruhe lässt sich recht einfach realisieren – wobei zu beachten ist, dass nur gesunde und gut genährte Tiere überwintert werden dürfen. Am besten beginnt man etwa im November damit, die Geckos durch allmähliche Reduktion der Beleuchtungsdauer und Herabsetzen der Temperaturen auf die bevorstehende Ruhephase einzustimmen. Das Terrarium wird während dieser Zeit überdies deutlich trockener gehalten; nur eine Schale mit frischem Trinkwasser muss stets vorhanden sein. Die Leopardgeckos verringern daraufhin langsam ihre Aktivität und nehmen auch weniger Nahrung zu sich. Etwa zwei Wochen vor der eigentlichen Winterruhe wird die Fütterung gänzlich eingestellt und die Beleuchtungsdauer auf etwa sechs Stunden pro Tag beschränkt. Die Temperaturen sollten auf Zimmerniveau absinken und nicht mehr signifikant ansteigen. Wer die Möglichkeit hat, kann das Terrarium einfach in einen kühlen Raum (z. B. einen Keller) stellen; alternativ entnimmt man die Geckos dem normalen Terrarium und setzt sie in einen entsprechenden Überwinterungsbehälter. Dies kann etwa ein einfaches, ausreichend mit Versteckplätzen ausgestattetes Becken sein. Niemals fehlen darf – wie schon erwähnt – ein Schälchen mit stets frischem Trinkwasser. Während der gesamten Ruhephase unterbleibt jegliche Fütterung. Die Temperaturen sollten in dieser Phase zwischen 10 und 16 °C liegen. Auf eine Beleuchtung kann verzichtet werden, sofern natürliches Tageslicht durch ein Fenster in den Raum einfällt. Eine leichte Substratfeuchte muss ebenfalls gewährleistet sein und ist regelmäßig zu kontrollieren. Hin und wieder unterbrechen Leopardgeckos ihre Winterruhe für kurze Zeitabschnitte (1–3 Tage) und halten sich vorübergehend an der Oberfläche auf. Sie verschwinden aber anschließend meist wieder von sich aus in ihren Verstecken. Gegen Ende der inaktiven Phase werden die Temperaturen langsam wieder erhöht, und man setzt die Leopardgeckos ins normale Terrarium zurück. Oft beginnen die Tiere schon nach wenigen Tagen wieder mit der Nahrungsaufnahme, und zum Teil kann man schon innerhalb einer Woche erste Fortpflanzungsaktivitäten beobachten.

Es ist jedoch auch möglich, Leopardgeckos viele Jahre ohne Winterruhe zu pflegen und zu vermehren. Allerdings entspricht es den natürlichen Bedürfnissen der Tiere, sie eine solche Ruhephase einlegen zu lassen. Viele Terrarianer schalten daher Beleuchtung und Beheizung des Behälters für mindestens zwei Monate aus, um den Geckos auf diese Weise zumindest einen „warmen Winter“ zu simulieren.

Um seine Leopardgeckos langjährig gesund zu halten und zur Fortpflanzung zu bringen, ist es sehr empfehlenswert, den Tieren eine Winterruhe zu gönnen. Foto: W. Schmidt

Wie alt können Leopardgeckos werden?

Vor der Anschaffung eines Leopardgeckos sollte man sich stets fragen, ob man in der Lage und willens ist, die begehrte Echse bis an ihr Lebensende zu pflegen. Dazu gehört neben einem artgemäßen Terrarium auch die artgerechte und hochwertige Ernährung. Außerdem sollte man den tagtäglich anfallenden Zeitaufwand und eventuell nötige Urlaubsvertretungen bedenken, wenn man über so lange Zeit die Verantwortung für ein Lebewesen übernehmen will. Die Langlebigkeit von Leopardgeckos bei artgemäßer Terrarienhaltung ist sprichwörtlich und beträgt oft über 20 Jahre.

Eine konkrete Altersangabe findet sich bei Schiftler (1988). Ein am 4. September 1965 halbwüchsig erworbener Leopardgecko starb am 18. Januar 1988, also nach 22 Jahren, 4 Monaten und 7 Tagen. In seinem letzten Lebensjahr hatte dieses Tier jedoch immer größere Schwierigkeiten, Futtertiere zu erbeuten, sodass es schließlich nur noch ihm vorgehaltene Nahrung fraß. In dieser Zeit verringerten sich auch die Fettreserven im Schwanz merklich, und die Aktivität des Geckos nahm ständig ab, bis er wahrscheinlich an Altersschwäche starb. Seufer et al. (2005) geben an, dass ein *E. macularius afghanicus* bei ihnen 24 Jahre, 2 Monate und 4 Tage alt wurde. Das betreffende Weibchen wurde am 20. Mai 1976 in Afghanistan gefangen und verstarb am 24. Juni 2001 an Legenot. Auch dieses Tier zeigte deutliche Alterserscheinungen: So waren etwa die Fettreserven im Schwanz aufgebraucht, und der Hinterkopf wirkte deutlich eingefallen. Die Echse musste in den letzten Lebensmonaten mit der Pinzette gefüttert werden. Seeler (mdl. Mittlg.) pflegte ein zum Zeitpunkt der Veröffentlichung noch lebendes 27 Jahre altes Tier. Den absoluten Rekord hält jedoch ein Männchen, das zum Zeitpunkt der Veröffentlichung durch Ron Tremper (vgl. Vosjoli et al. 2004) fast dreißig Jahre erreicht hatte. Rösler (1999) berichtet von einem weiblichen *E. turcmenicus*, der 9,5 Jahre bei ihm lebte.

Ein 27 Jahre alter Leopardgecko bei K. Seeler Foto: F.W. Henkel

II. Leopardgeckos im Terrarium

Gefährdung und Schutz

Gerade angesichts der immer weiter fortschreitenden Biotopzerstörung und der damit einhergehenden Bestandsabnahmen kommt heute bei einigen Arten, Unterarten und Formen von *Eublepharis* der erfolgreichen Nachzucht im Terrarium eine besondere Bedeutung zu. In vielen Fällen dürfte in absehbarer Zeit jeder Rückgriff auf die natürlichen Bestände gesetzlich verboten bzw. aus anderen Gründen unmöglich sein. Wie es derzeit um die einzelnen Formen in der Natur steht, können wir nicht beurteilen. Erstaunlich ist nur, dass z. B. die Populationen von *E. macularius* durch die Massenfänge der letzten Jahrzehnte allem Anschein nach nicht gelitten haben. Konkrete Angaben zu Populationsstärken und zu einzelnen Fund- oder besser Sammelgebieten fehlen indes völlig. Natürlich nimmt auch in den Herkunftsländern die menschliche Bevölkerung immer stärker zu, und so manche Habitate werden in Kulturland verwandelt. Aber wer weiß – vielleicht entwickelt sich gerade der anpassungsfähige Leopardgecko noch zu einem echten „Kulturfolger". Für das langfristige Überleben dieser Art spricht auch, dass sie in weniger stark vom Menschen begehrten (und folglich nicht unmittelbar bedrohten) Gebieten vorkommt. Der aktuelle Schutzstatus für die *Eublepharis*-Arten gestaltet sich folgendermaßen: in Indien (Wildlife Protecton Act von 1972), Pakistan (hier aber nur durch die Zentralregierung, die einzelnen Provinzen können Ausnahmen zulassen), Turkmenistan und der Türkei sind die Tiere durch verschiedene nationale Gesetze geschützt. International und in Deutschland gibt es keine Artenschutzvorschriften, die Leopardgeckos betreffen.

Tierschutz

Leopardgeckos sind, soweit bekannt, in der Natur derzeit nicht gefährdet. Es fehlen jedoch wissenschaftliche Untersuchungen und Populationsanalysen. Die Art unterliegt nicht dem Artenschutz und kann daher frei erworben und veräußert werden. Allerdings gilt auch für nicht bedrohte Arten das Tierschutzgesetz, das ihren Schutz vor unsachgemäßer Haltung regelt. Um diesen gesetzlichen Erfordernissen zu entsprechen, haben sich verschiedene vivaristisch orientierte Organisationen – insbesondere die DGHT und der VDA – bemüht, Standards zu

Lebensraum in Pakistan (Kithar Range) Foto: S. Svatek

Gruppe typischer Leopardgeckos im Terrarium Foto: W. Schmidt

formulieren, die auf eine artgerechte Tierhaltung abzielen. Dazu gehören der sogenannte Sachkundenachweis, mit dem jeder Pfleger seine Kenntnisse nachweisen kann. Nähere Informationen erhält man über die DGHT (vgl. Anhang, s. auch www. sachkundenachweis.de).

Um in Zukunft Probleme mit der Naturschutzbehörde zu vermeiden, sollte man sich in Deutschland bei der Haltung von Terrarientieren auch an den „Mindestanforderungen an die Haltung von Reptilien" (BUNDESMINISTERIUM FÜR ERNÄHRUNG, LANDWIRTSCHAFT UND FORSTEN 1997) orientieren, da sie den Behörden als Maßstab dienen. Darin werden verschiedene Grundvoraussetzungen für eine tiergerechte Unterbringung definiert, insbesondere die Terrariengröße. Daraus folgt beispielsweise, dass ein Pärchen Leopardgeckos in einem Terrarium zu pflegen ist, dessen Länge dem Vierfachen, dessen Breite dem Dreifachen und dessen Höhe dem Zweifachen der Kopf-Rumpf-Länge (KRL) der Tiere entsprechen (also die Formel: 4 x 3 x 2 x KRL). Für jedes weitere Tier sind 15 % zur Fläche hinzuzufügen. Nimmt man die durchschnittliche KRL von Leopardgeckos von 15 cm, so ergeben sich daraus folgende Terrarienmaße für ein Pärchen: 60 x 45 x 30 cm (Länge x Breite x Höhe). Das erwähnte Gutachten kann über die Geschäftsstelle der DGHT (s. Anhang) bezogen werden. In Österreich gelten auf der Basis des Österreichischen Tierschutzgesetzes (Mindestanforderungen an die Haltung von Reptilien und Amphibien) geringfügig andere Maße:

1–2 Tiere bis 10 cm Gesamtlänge: Grundfläche 0,10 m^2, Höhe 30 cm, zusätzliche Fläche für jedes weitere Tier 0,10 m^2.

1–2 Tiere von 10–15 cm Gesamtlänge: Grundfläche 0,10 m^2, Höhe 40 cm, zusätzliche Fläche für jedes weitere Tier 0,10 m^2.

1–2 adulte Tiere: Grundfläche 0,50 m^2, Höhe von 40 cm, zusätzliche Fläche für jedes weitere Tier 0,20 m^2.

Die Anschaffung eines Leopardgeckos

Schon vor dem Entschluss zum Kauf eines Leopardgeckos sollte man sich ausreichend über die Haltungserfordernisse informieren (etwa durch die Lektüre dieses Buches sowie Gespräche mit erfahrenen Pflegern). Zwar gehören Leopardgeckos zu den vergleichsweise leicht pfleg- und züchtbaren Arten, doch man sollte sich darüber im Klaren sein, dass auch zu ihrer artgerechten Haltung ein gewisser zeitlicher und finanzieller Aufwand unvermeidlich ist. Planen Sie ruhig täglich mindestens 15 Minuten fest ein, da zur Pflege der Tiere nicht nur die reine Versorgung gehört, sondern auch die aufmerksame Beobachtung zur Kontrolle des Allgemeinzustands. Der finanzielle Aspekt darf ebenfalls nicht unterschätzt werden. Zwar schlägt die bloße Anschaffung eines Leopardgeckos generell nicht so schwer zu Buche (zumindest bei „normalen“ Leopardgeckos), doch haben auch der Behälter, seine Einrichtung und die Terrarientechnik ihren Preis. Alles zusammen kann sich leicht auf mehrere hundert Euro summieren. Überdies fallen noch laufende Kosten an. Dazu zählen hauptsächlich der Stromverbrauch (je nach der technischen Ausstattung und dem Tarif Ihres lokalen Anbieters) und die Aufwendungen für Futtertiere, Nahrungsergänzungspräparate und neue Leuchtmittel.

Bevor man tatsächlich zur Anschaffung eines Leopardgeckos schreitet, sollten im Vorfeld auch folgende Punkte geklärt sein. Man braucht genug Platz für ein Terrarium, das auch für erwachsene Tiere ausreichend groß ist. Der Standort des Terrariums ist den Leopardgeckos eigentlich egal, so lange ihnen die nötigen Lichtzeiten, Wärme- und Luftfeuchtigkeitsgrade geboten werden. Direkt neben einem Lautsprecher sollte man den Behälter wegen der Lärmempfindlichkeit dieser Geckos natürlich nicht aufstellen. Auch von Schlafzimmern oder anderen Räumen, in denen man zu bestimmten Zeiten wirklich Stille braucht, ist abzuraten, da das Zirpen von nicht gefressenen Heimchen oder Grillen selbst hartgesottenen Liebhabern den letzten Nerv rauben kann.

Leopardgeckos sind heute in (auf Reptilien spezialisierten) Fachgeschäften, bei privaten Züchtern, auf Reptilienbörsen oder im Internet (per Versand) erhältlich. Die ersten drei Möglichkeiten sind jedoch dem Versandhandel unbedingt vorzuziehen, da man die Tiere vor dem Kauf in Augenschein nehmen und offensichtliche Erkrankungen u. Ä. vorher erkennen kann.

Erwerben Sie möglichst Nachzuchten. Bereits im Terrarium geborene Jungtiere leben sich leichter in ihrer neuen Umgebung ein und erreichen oft ein höheres Alter. Außerdem erweisen sich Wildfänge oft als Wirte für verschiedene Parasiten.

Ganz gleich, ob Sie ein Zoofachgeschäft, eine Reptilienbörse oder einen privaten Züchter zum Erwerb eines Tieres aufsuchen: Sie sollten immer einen geeigneten Transportbehälter mit sich führen. Bewährt haben sich z. B. sogenannte Pet- oder Fauna-Boxen, kleine Kunststoffbehälter mit einem Lüftungsdeckel. Ein oder mehrere (je nach Größe) eingelegte, locker zusammengepresste Blätter Küchenpapier dienen den Geckos als Lauffläche und Versteck; außerdem nehmen sie während des Transports abgegebene Exkremente auf. Lose Substrate sind weniger gut geeignet. Die Größe des Behälters sollte den darin unterzubringenden Tieren entsprechen. Die Box mit dem Neuling wird anschließend – falls es die Witterung erfordert – in einer gut isolierenden Styroporbox untergebracht und nach Hause transportiert.

Doch worauf muss man bei der Anschaffung genau achten? Hier eine kleine Auswahl der Kriterien, anhand derer Sie sich ein Urteil über die Tiere bilden können:

Auf keinen Fall sollten die Tiere allgemeine Schwächesymptome wie Apathie und Auszehrung aufweisen. Beides sind allzu oft Hinweise auf einen Befall mit Endoparasiten (im Körper der Tiere schmarotzende Arten) – die sich allerdings ungleich schwerer diagnostizieren lassen – oder auf andere gravierende Erkrankungen. Eingefallene Flanken oder eine bis auf den Knochen abgemagerte Schwanzwurzel weisen auf mangelnde Ernährung, besonders aber auf Dehydration (Austrocknung) hin. Dauerhaft geschlossene oder eingezogene Augen und Apathie müssen ebenfalls als Alarmzeichen gelten: Solche Tiere sind kaum noch zu retten und dürfen auf keinen Fall erworben werden. Allerdings darf man die genannten Symptome nicht mit dem normalen Schlafverhalten der Leopardgeckos verwechseln. Die dämmerungs- und nachtaktiven Geckos verbringen natürlich den Tag meist schlafend in ihrem Versteck, doch manchmal kann man sie auch im Freien schlafend entdecken.

Soweit dies möglich ist, sollten auch Funktions- und Einsatzfähigkeit der Gliedmaßen überprüft werden. Dies kann z. B. geschehen, indem man einer Fütterung beiwohnt. Ein Besuch beim Züchter gibt die Gelegenheit dazu, ganz abgesehen von der Möglichkeit, Wissenswertes über die Nachzuchtvoraussetzungen zu erfahren.

Anschließend sollten Sie die Haut genauer in Augenschein nehmen. Ektoparasiten (auf dem Körper sitzende Plagegeister) wie Zecken oder Milben lassen sich meist schon bei gründlicher Betrachtung entdecken und spielen eher selten eine Rolle.

Befinden sich noch Häutungsreste am Körper des Tieres? Dies kann die Folge von unsachgemäßer Haltung sein, aber auch einen Hinweis auf Erkrankungen oder Ernährungsmängel liefern.

Hände weg heißt es auch bei akuten Beschädigungen von Haut, Extremitäten, Maul oder Augen! Sie alle können zu einem Herd von schwierig zu behandelnden Infektionen oder Mykosen (Verpilzungen) werden. Erst recht gilt dieser Ratschlag für bereits erkennbar nässende Stellen, Vereiterungen oder Ödeme. Gut verheilte Gewebeverletzungen stellen nicht unbedingt ein Ausschlusskriterium dar, müssen aber weiter beobachtet werden, insbesondere bei den nächsten Häutungen. Eine genaue Begutachtung der angebotenen Tiere ist also stets dringend geboten. Indizien für Krankheiten und/oder schlechte Pflege sollten uns immer vom Kauf abhalten, und sei das Mitleid mit den betroffenen Exemplaren auch noch so groß.

Bereiten Sie vor dem Erwerb der Tiere auch rechtzeitig alles Notwendige zu deren Unterbringung und Versorgung vor. Dazu gehört z. B. ein ausreichender Vorrat verschiedener Futtertiere und die Anschaffung des nötigen Zubehörs (neben einem den Ansprüchen der Leopardgeckos gerechten Terrarium mit entsprechender Technik und Einrichtung auch ein hochwertiges Mineralstoff- und Vitaminpräparat). Der Behälter muss schon geraume Zeit vor dem Kauf der Tiere aufgestellt, eingerichtet und auf Temperatur, Feuchtigkeit etc. kontrolliert worden sein. Spätere Umbauarbeiten belasten die Bewohner unnötig, besonders während der Eingewöhnungsphase.

Neu erworbene Tiere muss man während der ersten Wochen isoliert in Quarantänebecken unterbringen. In dieser Phase ist unbedingt auf peinliche Hygiene (unverzügliche Entfernung des Kots aus dem Quarantänebereich, Desinfektion der Hände vor und nach jedem Kontakt mit dieser Zone) zu achten, damit keine Krankheiten auf den vorhandenen Tierbestand übertragen werden. Die Quarantänebehälter gestaltet man so, dass sie jederzeit eine leichte Kontrolle zulassen. Auf fest montierte Felswände, eine Bepflanzung o. Ä. wird deshalb durchweg verzichtet. Die spartanische Einrichtung beschränkt sich auf einige Versteckplätze (etwa flache Tonschalen, in deren Seite man für die Geckos eine Öffnung bricht), und der Bodengrund wird aus einfach auszuwechselndem Küchenpapier gebildet. Für trächtige Weibchen sollte stets eine geeignete Ablagemöglichkeit zur Verfügung stehen, z. B. eine mit mäßig feuchtem Substrat gefüllte, halb abgedeckte Plastikdose, die von den Tieren leicht erklettert werden kann. Den Grundansprüchen an Temperatur, Licht, Feuchtigkeit, Versteckmöglichkeiten sowie Ernährung muss man natürlich auch in Quarantäneterrarien Rechnung tragen.

Solche Behelfsquartiere haben den großen Vorteil der leichten Reinigung und ggf. Desinfizierung, wodurch sich die Gefahr der Selbstansteckung verringert. Sie erleichtern überdies den Zugriff auf die Tiere und das Einsammeln von Kotproben (siehe unten). In dieser kriti-

Verkaufsanlage für Zuchtformen von Leopardgeckos in den USA Foto: F.W. Henkel

schen Zeit sollte man vor allem darauf achten, den Tieren unnötige zusätzliche Belastungen – Hantieren im Terrarium, ständige Bewegungen in der Umgebung, nächtliche Störungen etc. – zu ersparen.

Der Kot neuerworbener Pfleglinge sollte durch einen qualifizierten Tierarzt oder ein Labor untersucht werden. Besonders dringend anzuraten ist dies bei Tieren aus unbekannter Quelle und bei Wildfängen. Hierzu werden die Exkremente möglichst bald nach der Ankunft der Tiere eingesammelt und nach Absprache (vor Eintrocknung geschützt, z. B. in einer Filmdose) zur jeweiligen Untersuchungsstelle gebracht oder geschickt (einschlägige Adressen finden Sie im Anhang). Ergibt sich als Resultat eine pathogene (Krankheit[en] verursachende) Konzentration von Erregern, so sind die Tiere nach Anweisung zu behandeln. Ist dies nicht der Fall, sollte man nach 4–6 Wochen eine weitere Probe analysieren lassen, um evtl. vorhandene (aber vorher nicht nachweisbare) Entwicklungsstufen von Krankheitserregern ausschließen zu können. Erst wenn abermals ein negativer Befund vorliegt, dürfen die Leopardgeckos in ihr endgültiges Terrarium gesetzt werden.

Noch ein paar abschließende Hinweise: Da Leopardgeckos gesellige Tiere sind, sollten Sie möglichst mindestens zwei kaufen und dabei darauf achten, dass es möglichst zwei Weibchen sind, da ein Männchen seine Partnerin durch ständige Paarungsversuche unter Dauerstress setzen kann. Bei mehr als zwei Tieren sollte die Gruppe stets aus einem Männchen und mehreren Weibchen bestehen. Eine rein weibliche Gruppe bereitet in der Vergesellschaftung in der Regel keinerlei Probleme – solange keine besonders dominanten Individuen darunter sind. Da die Geschlechtsbestimmung bei Jungtieren sehr schwer, ja bisweilen unmöglich ist, kann es vorkommen, dass Sie ihre Pfleglinge bei Eintreten der Geschlechtsreife trennen müssen. Zwei Männchen dürfen nämlich nie zusammen gehalten werden, da sie einander permanent bekämpfen würden und somit ständig unter Stress stünden, bis das schwächere Tier verendete (siehe oben). Falls man sich kein zweites Terrarium zulegen möchte, muss einer der Geckos abgegeben werden.

Erfahrene Züchter können Ihnen sagen, welches Geschlecht das betreffende Tier wahrscheinlich hat (100 % Sicherheit wären reines Wunschdenken), da sie wissen, bei welcher Temperatur die Zeitigung der Eier erfolgte, wodurch die Ausprägung des Geschlechts stark beeinflusst wird.

Bei jedem nachträglichem Zukauf von Leopardgeckos ist unbedingt darauf zu achten, dass der Größenunterschied der Tiere möglichst gering ausfällt. Der Neuling kommt zuerst in Quarantäne, und man sollte vor der Zuführung in den Altbestand mindestens zwei negative Kotproben abwarten.

Wie schon gesagt: Die beste Art der Anschaffung ist der Kauf direkt beim Züchter, da man in diesem Fall Gelegenheit hat, dessen Angaben durch persönliche Inaugenscheinnahme zu überprüfen. Er kann Ihnen überdies im gleichen Zug wichtige Informationen zur Haltung geben und weitere Fragen beantworten.

Doch wie stellt man den Kontakt zu geeigneten Liebhabern bzw. Züchtern her? Am leichtesten natürlich auf Börsen, aber auch über die Kleinanzeigen-Portale der Fachzeitschriften (www.reptilia.de) oder der DGHT (nur für Mitglieder, s. Anhang), die beide den Vorteil haben, dass sich jeder Anbieter unter seinem richtigen Namen anmelden muss.

Das Terrarium und seine Einrichtung

Leopardgeckos benötigen ein Trockenterrarium, das für bodenbewohnende Arten geeignet ist. Dieser Behältertyp lässt sich leicht selbst aus unterschiedlichsten Baumaterialien herstellen oder preisgünstig im Zoohandel kaufen. Streng genommen könnte man sogar ein Aquarium umfunktionieren, sofern es oben offen ist und mit einem Gazedeckel verschlossen wird. Im Normalfall finden jedoch silikongeklebte Glasbecken Verwendung, da dieser Typ die vielseitigsten Möglichkeiten eröffnet. Da Leopardgeckos hohe Ansprüche an die Temperatur, aber deutlich geringere an die Beleuchtung stellen, sollte man bei einer anstehenden Neuplanung ruhig auch die sogenannten Styroporbehälter in Erwägung ziehen. Eine leicht nachvollziehbare Anleitung zum Selbst-

Terrarium für Leopardgeckos Foto: F.W. Henkel

Terrarienrückwand von der Firma E.N.T Terrarientechnik Foto: F.W. Henkel

bau verschiedenster Terrarientypen finden Sie bei HENKEL & SCHMIDT (2008).

Wie bereits erwähnt, sind Leopardgeckos Bodenbewohner, die in der Natur sehr unterschiedliche Habitate besiedeln. Diesem Umstand muss man bei Form und Größe des Terrariums Rechnung tragen. So kommt etwa der Bodenfläche eine viel größere Bedeutung zu als der Höhe. Die Frage nach der richtigen Größe lässt sich für erwachsene Tiere ganz leicht beantworten: so geräumig wie nur möglich – zumindest, wenn man seine Tiere wirklich „naturnah" pflegen will. Rechtliche Vorgaben zur Terrariengröße finden sich in den „Mindestanforderungen an die Haltung von Reptilien" vom 10. Januar 1997, ein Gutachten, das im Auftrag des Bundesministeriums für Ernährung, Landwirtschaft und Forsten erstellt wurde: Demnach muss ein Behälter zur Pflege eines Pärchens (Kopf-Rumpf-Länge 15 cm) folgende Mindestmaße aufweisen: 60 x 45 x 30 cm (Länge x Breite x Höhe). Diese Dimensionen reichen nach unseren Erfahrungen vollkommen aus, denn in derartig bemessenen Becken können die Tiere ihr natürliches Verhalten zeigen und sogar kurze Sprints zum Ergreifen der Beute einlegen.

Es darf allerdings nicht verschwiegen werden, dass *E. macularius* eine sehr anpassungsfähige Art ist, die nur geringe Ansprüche an ihr Terrarium stellt. Damit die Tiere sich wohlfühlen und fortpflanzen, müssen lediglich einige Grundvoraussetzungen erfüllt sein. Dies machen sich auch die kommerziellen Großzüchter zu Nutze, welche die Tiere gruppenweise mit großem Erfolg in kleineren Behältern pflegen und vermehren.

Bevor das Terrarium eingerichtet wird, sollte man sich die Struktur der natürlichen Lebensräume vergegenwärtigen. Allen gemeinsam ist ein fester, durch diverse Unebenheiten und Versteckplätze belebter Bodengrund. Lehm – besser noch ein Lehm-Sand-Gemisch, das vielleicht mit einigen Steinen durchsetzt ist – kommt den natürlichen Ansprüchen der Leopardgeckos sehr nahe, während feinkörniger Sand ungeeignet ist. Einige Aufbauten zum Klettern und zahlreiche Versteckplätze mit unterschiedlichem Mikroklima sollten auf jeden Fall vorhanden sein.

Rück- und Seitenwandgestaltung

Die Terrarieneinrichtung beginnt gewöhnlich mit dem Verkleiden der Seitenscheiben und der Rückwand. Da Leopardgeckos gerne klettern, kann man ihren Aktivitätsraum durch eine geschickte Gestaltung dieser Bereiche

Beispiele für die Gestaltung eines Terrariums für Leopardgeckos
Fotos: F.W. Henkel

Leopardgeckos klettern gerne. Deswegen ist es sinnvoll, die Wände des Terrariums als Bewegungsfläche für die Tiere nutzbar zu gestalten.
Foto: F.W. Henkel

unschwer deutlich vergrößern. Hierzu bieten sich verschiedene Gestaltungsmöglichkeiten und Materialien an. Bestens bewährt und am einfachsten herzustellen sind Felswände. Hierzu klebt man im ersten Arbeitsgang Styropor, Styrodur oder in schmale Streifen geschnittenen Dachdeckerkork mit Silikon auf die Wände. Bei dem letztgenannten Material ist darauf zu achten, dass man im eigenen Harz heiß gepressten Kork, auf keinen Fall aber mit künstlichem Kleber hergestellten verwendet. Alle Materialien werden hochkant (mit der plan gesägten Seite) auf die Scheiben geklebt, damit für ausreichende Haftung gesorgt ist. Die dabei entstehenden „Aussichtsplattformen" sind begehrte Liegeplätze und Laufflächen. Auch Felsspalten kann man auf diese Weise leicht und gut kontrollierbar nachgestalten. Die Höhe der Platten richtet sich nach der Tiefe der Becken bzw. nach der Fläche, die man herstellen möchte. In einem weiteren Arbeitsschritt werden die Wände mitsamt den aufgeklebten Streifen verputzt. Zu diesem Zweck eignen sich besonders gut die Ceresit-Dichtschlämme der Fa. Henkel (da sie lebensmittelecht ist), Moltofill (für Außenanwendung) und vergleichbare Fertigbetonprodukte. Alle genannten Stoffe sind in Baumärkten erhältlich und können problemlos verarbeitet werden. Dazu legt man das Terrarium – sofern dies möglich ist – auf die betreffende Seite und bestreicht die gesamte Fläche (inklusive der Aufbauten etc.) mit einer dünnen Lage der Dichtschlämme. Lässt sich das Becken nicht mehr kippen, wird die Spachtelmasse einfach etwas dicker angerührt und dann vorsichtig mit einem Spachtel o. Ä. aufgetragen. Damit das Terrarium später nicht hässlich grau-betonfarben aussieht, färbt man den Beton nach Wunsch ein, z. B. mit Eisenoxyd (dann ergibt sich ein rötlicher Farbton) oder anderen zementfesten Zusätzen. Um den Krallen der Leopardgeckos ausreichenden Halt zu bieten, wird die Oberfläche zusätzlich mit rotem Sand (optisch sehr schön!) oder ähnlichem Material bestreut, damit sie eine rauere Struktur erhält.

Als Alternative bietet sich das Verkleiden der Wände mit fertig dekorierten Platten an. Von ihnen hält der auf Reptilien spezialisierte Zoofachhandel eine breit gefächerte Auswahl bereit. Es ist aber durchaus möglich, derartige Wände selbst zu bauen. Hierzu nimmt man eine Styrodurplatte (weil stabiler als Styropor) und schneidet sie auf die Größe der jeweiligen Wand zurecht; sie sollte jedoch nicht dünner als 5 cm sein! Mit einer Heißluftpistole lässt sich eine reliefartige Grundstruktur heraus- bzw. hineinarbeiten – aber gehen Sie mit Vorsicht zu Werke, denn je dünner die Platte ist, desto schneller hat man ein Loch hineingesengt. Diese Arbeiten sollten nur im Freien durchgeführt werden. Im Anschluss daran kann man die gewünschten Strukturen mit PU-Schaum noch besser herausarbeiten. Die Rückseite bleibt unbehandelt, da sie später an die eigentliche Terrarienwand geklebt wird.

Für eine größere Wand sind mehrere Dosen PU-Schaum erforderlich. In das frisch aufgetragene, noch weiche Material lassen sich dann leicht entsprechend zurechtgeschnittene Styroporstücke hineindrücken. Diese werden dabei hochkant auf die Platte gestellt und dienen später als Miniatur-Felsplateaus. Die Zwischenräume können je nach Geschmack größer oder kleiner ausfallen. Auch hier lässt sich mit Hilfe des Schaums einiges ausgleichen; man sollte aber auf jeden Fall bedenken, dass sich dieses Material beim Aushärten nicht unerheblich ausdehnt! Beginnen Sie also lieber mit wenig Schaum, um später nach Bedarf nachzuschäumen. Die Verarbeitungshinweise auf der Dose müssen auf jeden Fall strikt beachtet werden.

In die noch nicht ausgehärtete Masse kann man auch Wurzeln, Äste oder Rinde hineindrücken. Nach ca. 24–36 Stunden ist der Schaum völlig ausgehärtet. Zur Überprüfung steckt man an der dicksten Stelle einen Schraubendreher hinein: Falls das Material innen noch nicht hart ist, klebt es am Werkzeug fest. Gleichzeitig bringt man so Luft in die unteren Schaumpartien, und noch nicht ausgehärtete Substanz kann durch die Löcher austreten und völlig erhärten. Erst wenn dieser Prozess abgeschlossen ist, beginnt man mit der Oberflächenbearbeitung. Eine Möglichkeit besteht im Überpinseln mit Epoxydharz, das anschließend mit Sand beworfen wird. Alternativ lässt sich das Ganze auch mit eingefärbten Zementschlämmen verputzen. Die so hergestellte Verkleidung wird nun mit Silikonkleber an der Terrarienwand fixiert.

Besonders schöne Gestaltungsmöglichkeiten eröffnet eine „Steinrückwand“ aus Leichtbeton-Steinimitaten, die der Baustoffhandel in verschiedenen Variationen anbietet. Solche Fertigsteine wirken wie echte Felsbrocken, sind aber wesentlich leichter und relativ einfach zu verarbeiten. In diesem Fall legt man die Rückwand vor dem Einbau der Kunststeine waagerecht auf den Boden und nagelt eine entsprechend zugeschnittene Streckmetallmatte (im Baumarkt erhältlich) auf die Innenseite. Gleichzeitig wird die Steinwand trocken daneben ausgelegt, um das gewünschte Muster zu erstellen. Überstehende „Enden“ werden mit Hilfe eines Trennschleifers (Stein- oder Diamantscheibe!) passend zurechtgesägt. Vorsicht: Tragen Sie unbedingt Schutzbrille, Ohrenschützer, Handschuhe und Staubschutzmaske und arbeiten Sie nur im Freien! Anschließend wird die Rückwand mit einem tragfähigen Kleber (Herstellerangaben beachten!) bestrichen, in den man die Steine hineindrückt. Sobald alles getrocknet ist, kann die Rückwand ihren endgültigen Platz im Terrarium finden.

Natürlich bieten sich noch viele weitere Möglichkeiten an, bis hin zu Natursteinwänden. Entsprechende Bauanleitungen finden Sie bei WILMS (2004) und HENKEL & SCHMIDT (2008).

Spalten vermitteln den Leopardgeckos ein Gefühl von Sicherheit.
Foto: F.W. Henkel

Bodengrund

Als Nächstes wird der Bodengrund ins Terrarium eingebracht. Den Bedürfnissen der Tiere entsprechend, verwendet man ein festeres Substrat, z. B. Ton, Lehm oder ein Gemisch dieser Substanzen mit Sand. Auch die z. T. im Baustoffhandel erhältlichen Schlämmsande – eine Mischung aus Sand, Lehm und mittelgroßen Kieselsteinen – sind gut nutzbar. Reiner, feiner Sand ist hingegen weniger geeignet. Auch in der freien Natur meiden die Leopardgeckos Sandflächen. Mit den genannten Materialien läst sich unschwer eine Landschaft formen. Natürlich muss man das Substrat vor der Bearbeitung erst anfeuchten, doch in diesem Zustand ist es dann leicht formbar. Bevor man die Geckos hineinsetzt, muss es noch gut aushärten. Auf diese Weise lassen sich auch in festem Bodengrund einige Höhlen und Verstecke anlegen. Erwähnung verdient auch die Tatsache, dass ein Großzüchter mit Erfolg ein Kalziumgranulat als Bodengrund verwendet. Dieses weist jedoch einen hässlichen Grauton auf, der wohl kaum dem natürlichen Lebensraum entspricht. Hierbei handelt es sich um ein sehr grobkörniges Material aus Kalziumcarbonat mit ca. 34,4 % Kalzium.

Versteckmöglichkeiten und sonstige Einrichtung

Für welches Substrat man sich auch entscheidet, viel wichtiger sind ausreichende Versteckmöglichkeiten. Wenn den Tieren mehrere zur Auswahl stehen, werden sie selbst das Geeignetste auswählen. Dort verbringen sie den Tag, um erst in der Dämmerung hervorzukommen. Wenn man künstliche Höhlen schafft, sollte deren Eingang gerade für ein Tier passend und die Kammer am Ende etwa faustgroß sein: Je enger der Unterschlupf ist, desto sicherer fühlen sich die Geckos.

Verstecke lassen sich aus den verschiedens-

Als Bodengrund haben sich Mischungen von Sand mit Ton oder Lehm und mittelgroßen Kieselsteinen bewährt. Foto: W. Schmidt

ten Gegenständen anfertigen. Gut bewährt haben sich umgestülpte, unglasierte Pflanzschalen, aus denen man an einer Seite ein Stück herausbricht bzw. mit einem Trennschneider aussägt, um so einen kleinen Eingang zu schaffen. Im Übrigen empfiehlt es sich, die Schale alle zwei Tage mit Wasser zu übersprühen. Auf diese Weise bildet sich unter ihr eine gewisse Verdunstungskälte und demzufolge eine höhere relative Luftfeuchtigkeit. Beides wird von den Geckos als sehr angenehm empfunden. Den gleichen Effekt erzielt man auch mit selbstmodellierten Verstecken aus ungebranntem Ton. Hier bietet sich die Möglichkeit, natürlicher wirkende, felsähnliche Strukturen herauszuarbeiten.

Verstecke können aus hohl liegenden Steinen, Rindenstücken, Wurzeln o. Ä. bestehen. Auch der Zoofachhandel hält eine breite Palette geeigneter Einrichtungsgegenstände parat (Imitate von Ästen, Felsen etc.). Diese haben meist den Vorteil, dass sie sich leicht reinigen lassen und viel leichter als ihre natürlichen Gegenstücke sind. Schwere Objekte müssen unbedingt direkt auf dem Terrarienboden aufliegen. Da die Geckos häufig graben, können sie sich sehr schnell unter verrutschenden Steinen einklemmen, wenn diese nicht fest auf dem Boden ruhen. Beim Bau von Felsenlandschaften aus Naturstein muss man die einzelnen Brocken durch geeignete Fertigbetonprodukte fest miteinander verbinden. Künstliche Felsenaufbauten lassen sich sehr gut aus vorgeschnittenen Styropor- oder Styrodurplatten anfertigen. Diese werden mit Silikon fest zusammengeklebt und dann mit eingefärbten Dichtungsschlämmen überzogen, auf die man vor dem Trocknen Sand oder andere Materialien streut.

Ein Versteck, das im warmen Bereich liegt, sollte stets leicht feucht gehalten werden. Sehr häufig findet man seine Geckos schlafend in Eiablagedosen – das liegt daran, dass dort eine etwas höhere relative Luftfeuchtigkeit und ei-

Im Handel werden auch künstliche Versteckplätze angeboten, die Dank einer Magnetkonstruktion einsehbar sind (hier von der Fa. Exo Terra). Foto: Exo Terra

ne gewisse Verdunstungskälte herrschen. Freilandbeobachtungen haben gezeigt, dass die Tiere in der Natur bevorzugt in solchen Nächten unterwegs waren, die sich durch eine höhere relative Luftfeuchtigkeit auszeichneten. In der Natur liegt die relative Luftfeuchtigkeit tagsüber unter 50 %, um nachts auf 70 % oder mehr anzusteigen. Es ist nicht nötig, das Terrarium jeden Abend zur Steigerung der Luftfeuchtigkeit kurz zu überbrausen; doch es scheint den Tieren zu behagen, wenn man dies ein- oder zweimal in der Woche tut und so die natürlichen Schwankungen imitiert.

Die Bepflanzung hat nur dekorativen Charakter und kann daher nach rein ästhetischen Gesichtspunkten erfolgen. In Frage kommen vor allem verschiedene Sukkulenten, die überaus dekorativ wirken. Sie sollen jedoch stets mit Topf eingepflanzt werden, damit man beim Gießen nicht jedes Mal den halben Bodengrund überflutet. Auch ein Wassernapf mit stets frischem Trinkwasser und ein Schälchen mit Kalziumbröckchen (z. B. zerstoßener Sepiaschulp) dürfen nicht fehlen.

Einsetzen der Tiere

Bevor man seine Leopardgeckos in das fertig eingerichtete Terrarium setzt, muss sichergestellt werden, dass die verwendeten Materialien keine Gase mehr freisetzen. Falls irgendwelche verdächtigen Gerüche wahrnehmbar sind, müssen die Tiere noch ein paar Tage länger mit ihrer bisherigen Behausung vorlieb nehmen.

Terrarientechnik

Auch das schönste Terrarium kommt nicht ohne den Einsatz technischer Hilfsmittel aus. So benötigen unsere Geckos einen Tag-Nacht-Rhythmus sowie die Möglichkeit, ihre Vorzugstemperatur zu erreichen.

Zuerst sollte man zwei Schaltuhren zur Steuerung von Beleuchtung und Heizung erwerben. Da es inzwischen zahlreiche Modelle mit einem Thermofühler gibt, sollte man diesen den Vorzug geben, denn so schaltet sich die Heizung nur ein, wenn es wirklich nötig ist, und sie bietet überdies einen gewissen Schutz gegen eine Überhitzung des Terrariums. Mit Hilfe von Zeitschaltuhren sorgt man für die nötige Regelmäßigkeit im Tagesablauf, die dem Wohlbefinden der Tiere sehr zuträglich ist. Auch Jahresabläufe und andere periodische Schwankungen lassen sich so leicht imitieren. Wollte man all dies täglich von Hand regeln, wäre schon der Betrieb eines einzigen Terrariums eine zeitraubende Angelegenheit.

Immer wieder stellt sich die Frage, ob eine Beleuchtung unbedingt nötig ist, da es sich doch um Nachtgeckos handelt. Die Antwort hängt grundsätzlich vom Standort des Terrariums und ggf. der Bepflanzung ab, denn Leopardgeckos brauchen im Gegensatz zu tagaktiven Arten keine spezielle Beleuchtung; sie dient hier in erster Linie zur Steuerung der Aktivitätsphasen (d. h., mit ihrer Hilfe unterscheiden die Tiere Tag und Nacht). Steht der Behälter in einem Wintergarten oder Gewächshaus, so kann man auf eine zusätzliche Beleuchtung auch verzichten; nur im Winter und in den Übergangsmonaten ist diese eventuell erforderlich. In dunklen Zimmern oder Kellern muss sie jedoch stets vorhanden sein. Die Beleuchtungsdauer sollte im Jahreszeitenrhythmus schwanken und im Sommer etwa 14 Stunden täglich betragen.

Der Fachhandel hält eine große Anzahl geeigneter Lampen bereit. Da die Leopardgeckos hier keinerlei Ansprüche stellen, kann man sich ausschließlich nach eigenem Geschmack, Preis und evtl. den Anforderungen der Pflanzen orientieren. In völlig dunklen Kellern muss auch nachts eine schwache Lichtquelle in Betrieb sein. Da die Augen der Geckos wie Restlichtverstärker arbeiten, können sie bei absoluter Dunkelheit nichts sehen. Für unsere Zwecke reicht ein Nachtlicht in der Steckdose völlig aus. Eines ist allerdings zu beachten: Je heller das Licht, desto dunkler müssen die Verstecke sein. Wenn man das Terrarium tagsüber hell beleuchtet und gegen Abend eine schwächere „Übergangsbeleuchtung“ einschaltet, lassen sich die Geckos oft schon vor Einbruch der Dunkelheit beobachten. Eine UV-Lampe ist nicht notwendig, allerdings muss der Vitamin-D_3-Haushalt der Tiere durch eine entsprechende Anreicherung des Futters im Gleichgewicht gehalten werden (vgl. das Kapitel „Anmerkungen zur Ernährung“).

Halogen-Spotstrahler Foto: M. Schmidt

Da Leopardgeckos wechselwarme Tiere sind, wird ihre Körpertemperatur von der Umgebungswärme beeinflusst. Sie benötigen also einerseits einen Bereich, der ihrer Aktivitätstemperatur entspricht, zum anderen eine Zone, in der sie ihre Vorzugstemperatur erreichen können. Letztere ist immer höher als die Aktivitätstemperatur. In den Sommermonaten sollte sich die Luft im Terrarium auf ca. 25–28 °C erwärmen, wobei die Tiere kurzzeitig auch höhere Werte vertragen. Am besten ist es, wenn man für einen warmen Bereich mit ca. 28 °C und eine kühlere Zone (Schlafquartier) mit 22 °C sorgt. Nachts können die Temperaturen ruhig auf Zimmerniveau (ca. 18–20 °C) absinken. Im natürlichen Lebensraum der Geckos sind während der Sommermonate bisweilen Tageswerte von 40–50 °C im Schatten zu verzeichnen, doch ihre Bodenverstecke bieten den Tieren eine angenehme Kühle. Zu dieser Zeit wird es auch nachts meist nicht „kühler“ als 28–30 °C. Im Freien ist es folglich häufig heißer als in den Tagesverstecken. Dies begünstigt die nächtlichen Aktivitäten der Geckos. Im Winter steigt die Quecksilbersäule am Tage auf etwa 25 °C, um in der Nacht teilweise bis unter die Frostgrenze zu sinken. Dann legen die Geckos in ihren Verstecken ihre Winterruhe ein.

Natürlich müssen wir im Terrarium keine derart extremen Temperaturschwankungen simulieren. Da unsere Leopardgeckos fast durchweg Nachzuchten sind, weisen sie keine Prägung durch den heimatlichen Jahreszyklus mehr auf. Wir bieten den Tieren also von Februar bis November eine wärmere Saison, im Dezember/Januar hingegen eine kurze Winterruhe bei reduzierter Beleuchtung (6–8 Stunden) und niedrigeren Temperatur (ca. 10–16 °C).

Zum Erwärmen des Terrariums genügt, je nach Standort des Terrariums, oft schon die Beleuchtung – zumindest, wenn noch ein Strahler darüber installiert wurde. Als weitere

Mittels Zeitschaltuhr lassen sich Beleuchtung und Heizung steuern. Foto: K. Kunz

Heizquellen eignen sich Heizsteine oder Heizmatten/-kabel. Erstere werden im Inneren des Terrariums, Letztere unter dem Behälterboden angebracht. Ein Heizkabel bettet man in eine dünne Styropor- oder Styrodurplatte ein, die dazu nötigen Rillen werden mit einem Messer herausgeschnitten oder mit einem Lötkolben herausgebrannt. Anschließend legt man das Kabel hinein und platziert das Ganze mit der ausgeschnittenen Seite unter dem Terrarium. Hierbei ist darauf zu achten, dass stets nur ein kleiner Teil des Bodens erwärmt wird (auf keinen Fall die Zone unter dem Schlafplatz!). Wenn man die Heizung von 18:00–22:00 Uhr einschaltet, kommen die Geckos zu dieser Zeit heraus, um sich aufzuwärmen. Besteht die Gefahr einer Überhitzung, so muss die Heizung – und auch evtl. die Beleuchtung – über einen Thermostat gesteuert werden. Ein zugeschalteter Ventilator kann zusätzlich kühlere Luft hineinblasen. Bei einem Holzterrarium ist eine Heizung von außen nicht sinnvoll. Hier legt man die Platte mit dem Heizkabel direkt in das Becken und platziert darüber eine Schieferplatte.

Wir wollen nicht verschweigen, dass die Notwendigkeit einer Bodenheizung umstritten ist. In der freien Natur empfangen die Tiere die Wärme stets von oben (nämlich durch die Sonne) und ziehen sich tief in den Boden zurück, um dort kühle Verstecke zu suchen. Da Leopardgeckos nachtaktiv sind, verlassen sie jene erst nach Sonnenuntergang; die zum Funktionieren ihres Organismus nötige Wärme beziehen sie nun naheliegenderweise nicht von der Sonne, sondern als „Konduktionswärme“ aus dem Substrat. Die Tiere heizen sich auf Steinen u. Ä. auf, bis sie ihre Vorzugstemperatur erreicht haben, und suchen dazu auch im Terrarium entsprechend warme Stellen auf. Aus diesem Grunde ist eine Bodenheizung durchaus naturnah. Es bleibt letztlich dem einzelnen Terrarianer überlassen, wie er in seinen Becken für die erforderlichen Warmzonen sorgt. Wichtig ist nur, dass sie tatsächlich existieren – mit welchen Mitteln das erreicht wird, ist den Leopardgeckos wohl vollkommen egal.

Vergesellschaftung

Von einer Vergesellschaftung mit anderen Echsen – auch rein tagaktiven – muss abgeraten werden, da sich Leopardgeckos sehr streitsüchtig gebärden können. Völlig ausgeschlossen ist die Vergesellschaftung mit anderen Bodengeckos. Wer eine Vergesellschaftung mit anderen Echsen dennoch wagt, muss mindestens dafür sorgen, dass die betreffenden Tiere nicht in das Beutespektrum der Geckos passen (und umgekehrt, z. B. im Falle von *Chamaeleo calyptratus*). Leider sind unter diesen Umständen immer wieder Unfälle zu verzeichnen. So biss ein Leopardgecko einer ausgewachsenen *Phelsuma standingi* auf der Jagd nach Futtertieren einen Fuß ab. Die Konfrontation mit einem gleich großen Bodengecko ging für jenen tödlich aus. Wir halten es daher für unverantwortlich, *Eublepharis* gemeinsam mit anderen Geckoarten zu pflegen. Manchmal funktioniert die Vergesellschaftung mit gleich großen Reptilien eine lange Zeit – insbesondere, wenn diese eine andere Aktivitätszeit aufweisen. So vertrug sich bei einem von uns eine Gruppe Leopardgeckos in einem großen Terrarium jahrelang völlig problemlos mit mehreren Taylors Biberschwanzagamen (*Xenagama taylori*). Dies lässt jedoch nicht den Schluss zu, dass so etwas grundsätzlich klappt. Oft werden Unfälle nämlich auch durch bloße Reflexhandlungen verursacht. Wenn ein Gecko nach einem Futtertier schnappt, können sehr schnell auch Schwänze oder andere Körperteile von Mitbewohnern erhascht werden. Da *Eublepharis* ein kräftiges Gebiss haben und einmal Erfasstes nicht so schnell wieder loslassen, können dabei sogar Knochen durchtrennt werden.

Probleme bereitet jedoch nicht nur die Vergesellschaftung mit fremden Arten: Auch wenn man neue Exemplare in bestehende Gruppe integrieren will, verläuft dies keineswegs immer harmonisch. Frisch eingesetzte Leopardgeckos werden von den Alteingesessenen regelrecht attackiert. Während dieser

Terrarium mit einer Gruppe Leopardgeckos Foto: W. Schmidt

Phase muss man die Tiere genau beobachten und ggf. rechtzeitig eingreifen. Als vorbeugende Maßnahme empfehlen wir das komplette Ausräumen, Reinigen und Neueinrichten des ganzen Terrariums. Dann müssen sich der neue Mitbewohner und die alte Gruppe erst gemeinsam ein- und dabei aneinander gewöhnen.

Anmerkungen zur Ernährung

Schon vor der Anschaffung von Leopardgeckos muss man sich Gedanken zur artgerechten Ernährung der Tiere machen. Alle Vertreter dieser Gattung sind ausgeprägte Räuber, die unbedingt lebende Futtertiere benötigen; wer dies zu „eklig" findet oder mit der Verfütterung von Insekten Probleme hat, muss auf die Pflege von Leopardgeckos verzichten.

In der Natur besteht die Nahrung der Geckos hauptsächlich aus Wirbellosen aller Art (darunter zahlreiche Käfer), aber auch Wirbeltieren wie Echsen und sogar jungen Kleinsäugern. Es werden sogar ausgesprochen wehrhafte Gliederfüßer wie z. B. Skorpione erbeutet. Im Grunde genommen fressen Leopardgeckos alle Futtertiere, die sie überwältigen können. Allerdings darf man nicht davon ausgehen, dass alle Individuen die gleichen Vorlieben zeigen. Während die meisten gierig an nestjunge Mäuse gehen, trifft man immer wieder auch solche an, die dieses Futter kategorisch verweigern. Es gibt also offenbar gewisse Unterschiede hinsichtlich des Beuteschemas. Leider wecken auch andere Echsenarten immer wieder das Interesse unserer Pfleglinge. Kein einziger Vertreter dieser Gattung hat bei uns jemals ihm von der Pinzette angebotene Geckos verschmäht (wobei angemerkt sei, dass es sich dabei stets um tote, nicht lebensfähige Jungtiere anderer Arten handelte). Dies ist auch der Grund dafür, dass man kleinere Rep-

Eine abwechslungsreiche, vollwertige Ernährung ist der beste Garant, junge Leopardgeckos gesund aufziehen zu können. Foto: W. Schmidt

tilien nie zusammen mit Vertretern der Gattung *Eublepharis* pflegen darf. Die Beutegier dieser Lidgeckos geht im Übrigen so weit, dass selbst eigene Jungtiere ohne Zögern als Beute betrachtet werden.

Immer wieder faszinierend ist es, die Tiere beim Erjagen ihrer Beute zu beobachten. Bei scheuen Individuen kann man, sobald Futterinsekten ins Terrarium gegeben werden, eine gesteigerte „Nervosität" registrieren, und zahme Geckos werden schon beim Anblick des Pflegers in Erwartung eines Leckerbissens unruhig. Das im Folgenden geschilderte Jagdverhalten ist für alle Vertreter der Gattung *Eublepharis* charakteristisch. Die Beute wird visuell geortet und dann mit schnellen, zielstrebigen Bewegungen verfolgt. Kurz vor dem Zustoßen verharren Leopardgeckos kurz und wedeln in sichtbarer Erregung mit dem Schwanz (manchmal wird jener dabei sogar steil aufgerichtet); dann erfolgt das blitzschnelle Zupacken. Hält das fixierte Futtertier jedoch für einen Moment inne, so erstart in aller Regel auch der Gecko, um es erst bei der nächsten Bewegung zu erbeuten. Bekannte Arten werden jedoch zum Teil auch ergriffen, ohne dass sie sich bewegen. Direkt nach dem Zubeißen schließen die Tiere die Augen, um diese vor Verletzungen durch das Futtertier zu schützen. Meistens wird das Opfer sofort mit den kräftigen Kiefern zu Tode gequetscht. Dann wird es normalerweise im Maul in die richtige Position gebracht, damit es mit dem Kopf voran verschlungen werden kann.

Ein besonderes Problem bei der Ernährung der Leopardgeckos resultiert aus deren Veranlagung, möglichst große Fettreserven für schlechte Zeiten anzulegen. Da es im Terrarium – von der Winterruhe einmal abgesehen – jedoch keine Hungerperioden gibt, bauen die Tiere leicht überflüssige Fettpolster auf. Einen sehr guten Indikator für ihren Allgemein- und Ernährungszustand liefert die Form des Schwanzes: Bei gut im Futter stehenden Geckos ist er prall und rund; bei Regeneraten hat man teilweise den Eindruck, dass er gar nicht zum restlichen Körper passt. Auf gar keinen Fall sollte er jedoch wie eine aus der Form geratene Presswurst wirken, deren Ringe dicker als der Körperumfang sind. Zumindest der Gesamthabitus sollte stets eher schlank und gleichförmig wirken; ansonsten ist zumindest zeitweise eine deutliche Verminderung der Futterrationen zu empfehlen. Bei Weibchen kommt es häufig vor, dass ihr Schwanzvolumen während der Legeperiode sichtbar abnimmt.

Da Leopardgeckos ihrem Pfleger gegenüber recht zutraulich werden können, ja oft bei dessen Anwesenheit im Terrarienraum zur Schiebetür laufen und mit „großen Augen" und starrem Blick um Futter betteln, machen viele Pfleger den Fehler, sie zu häufig und reichlich zu füttern. Es bereitet kein Problem, die Geckos jeden Tag zum Fressen zu bringen. Man gewinnt auch den Eindruck, dass sie ständig hungrig sind, da sie angebotenes Futter praktisch nie verweigern. Genau hierin liegt jedoch bei Terrarientieren die Gefahr einer Verfettung. In der freien Natur hingegen wird man nur selten „übergewichtige" Geckos antreffen. Sie sind dort gewöhnlich rank und schlank, weil sie bei der Nahrungssuche weite Strecken zurücklegen müssen und einfach weniger Beute finden. Diese beiden Faktoren entfallen bei der Haltung im Terrarium. Hier läuft den Geckos ihr Futter praktisch vor die Nase, und Stress spielt für sie außerhalb der Fortpflanzungszeit ebenfalls keine große Rolle. Daher kann man jedem Pfleger nur anraten, seine Tiere verhältnismäßig sparsam zu füttern.

Eine in diesem Zusammenhang häufig gestellte Frage lautet: Welche Futtermenge benötigt ein Leopardgecko? Die Antwort hängt auch in diesem Falle von zahlreichen Faktoren ab: Größe des Pfleglings, Haltungsbedingungen, Allgemeinzustand (trächtig oder nicht?) etc. Daher können wir hier nur ungefähre Angaben machen. Erwachsene muss man nur ein- bis zweimal wöchentlich füttern, wobei sie jeweils nur so viele Nahrungstiere erhalten, wie auch wirklich verzehrt werden. Erweist sich selbst dies als überreichlich, ist auch die Anzahl der Futtertiere zu begrenzen. Ausnahmen gelten für trächtige Weibchen. Diese haben einen erhöhten Bedarf an Nährstoffen, weshalb man sie am besten alle zwei Tage und stets möglichst abwechslungsreich füttert. Die gleiche Behandlung erfahren frisch geschlüpfte Jungtiere, auch sie sollten in der ersten Zeit täglich versorgt werden. Normalerweise würde man die Fütterungstermine mit den Aktivitätsperioden der Echsen synchronisieren und daher erst spät abends, nach Einbruch der Dämmerung füttern (im Terrarium, sobald die Beleuchtung ausgeschaltet ist). Allerdings scheint es den Leopardgeckos gleichgültig zu sein, wann sie ihr Futter erhalten. Eingewöhnte Tiere gehen zu jeder Tages- und Nachtzeit auf die Jagd.

Als Verfütterungsmethoden bieten sich verschiedene Alternativen an. Wer in einer Mietswohnung lebt und somit darauf achten muss, dass auf keinen Fall Insekten entweichen, sollte seine Echsen daran gewöhnen, Futter von der Pinzette zu nehmen. Man kann auch (für die Futtertiere möglichst ausbruchsichere) Schalen mit den Kerbtieren ins Terrarium stellen. Doch dann ist darauf zu achten, dass diese Schale für die Leopardgeckos gut einsehbar bleibt. Diese Fütterungsart bietet sich vor allem bei Mehlwürmern und *Zophobas* an. Für diesen Zweck findet man im Zoofachhandel diverse nicht übermäßig hohe Näpfe mit nach innen überstehendem Rand. All diese direkt ins Becken gestellten Behälter sind aber nicht hundertprozentig ausbruchsicher.

Am natürlichsten gestaltet sich die Fütterung, wenn man die Insekten einfach ins Terrarium schüttet und dort von den Leopardgeckos erjagen lässt. So kann man sehr schön ihr Jagdverhalten beobachten und sorgt überdies für eine deutliche Aktivitätssteigerung. Nachteilig wirkt sich jedoch die dafür benötigte Futtermenge aus, die zwangsläufig ein wenig größer sein muss, da die Echsen in der Regel nicht alle Insekten rechtzeitig erbeuten. Leider begehren sie oft genau das Futtertier, das ein Mitbewohner schon im Maul hat und gerade verschlingen will. Nun kann es gelegentlich zu Verletzungen kommen, obwohl dies keineswegs die Regel ist. Allerdings sind Leopardgeckos vor dem Zuschnappen und Ergreifen von Futtertieren meist sehr erregt und wedeln dann rhythmisch mit dem Schwanz. Gerade diese Bewegungen veranlassen Artgenossen nicht selten, nach dem verlockend wirkenden Körperanhang zu schnappen. Manchmal kommt es dann vor, dass dieser an der Bissstelle glatt abgetrennt wird. Gerade bei Jungtieren ist besondere Vorsicht geboten, da sie wesentlich stärker dazu neigen, bei solchen Gelegenheiten einen Teil ihres Schwanzes einzubüßen. Ferner muss man darauf achten, dass z. B. nicht zu viele kleine Grillen gleichzeitig in den Aufzuchtbehälter gelangen und auf den Geckos umherlaufen, da dies Panikreaktionen hervorrufen kann.

Ernähren lassen sich Leopardgeckos mit dem gesamten Spektrum der üblichen Futtertiere. Sie erhalten beispielsweise Wanderheuschrecken, Schaben (verschiedene Arten), Grillen (möglichst Mittelmeer- oder Steppengrillen) und Heimchen, Larven des Großen Schwarzkäfers (*Zophobas*), Mehlwürmer, Große Wachsmotten und deren Raupen, nestjunge Mäuse u. Ä. Insekten müssen lebend verfüttert werden, nestjunge Mäuse sollte man tot von der Pinzette anbieten. Für Jungtiere empfehlen sich kleine bis mittlere Grillen, Heimchen, Heuschrecken und Schaben, Große Wachsmot-

Auch beim Zubeißen werden die Augen geschlossen. Foto: F.W. Henkel

ten und deren Raupen, Mehlwürmer, Ofenfischchen etc. Die Größe der Futtertiere steigt analog zum Wachstum der Geckos. Bedenken Sie jedoch, dass es der Gesundheit ihrer Pfleglinge in der Regel zuträglicher ist, wenn sie zehn mittlere Grillen erjagen statt zwei voll ausgewachsene.

Bisher wurde nur in Einzelfällen beobachtet, dass Leopardgeckos auch kleine Stückchen von süßem Obst zu sich nehmen. Pflanzliches Futter scheint nicht zu ihrem natürlichen Nahrungsspektrum zu gehören und wird nicht gezielt verspeist.

Es bereitet kein Problem, Leopardgeckos an die Fütterung von der Pinzette zu gewöhnen. Die Echsen erhaschen – und fressen vermutlich auch – fast alles, was man ihnen auf diese Weise anbietet.

Nestjunge Mäusebabys stellen vermutlich die hochwertigste Nahrung für unsere Leopardgeckos dar. Aus Tierschutzgründen sollten jene nur tot verfüttert werden. So kann man sie im Zoofachhandel, auf Börsen oder im Internet tiefgefroren erwerben. Die „Tiefkühlkost" muss nur noch bis auf Zimmertemperatur aufgetaut und anschließend von der Pinzette verfüttert werden. Man darf sich aber nicht verleiten lassen, überwiegend Mäuse zu verfüttern, da sie zu proteinreich sind, was bei zu häufiger Fütterung zu ernährungsbedingten Erkrankungen führt.

Es bereitet heute keine Probleme mehr, verschiedene Arten von Futtertieren in ausreichenden Mengen zu erwerben (sieht man einmal von den leider immer noch ab und zu auftretenden Lieferengpässen nach längeren Hitzperioden etc. ab). Man findet inzwischen auch in Kleinstädten gut sortierte Zoofachgeschäfte, die eine kleine Auswahl üblicher Futterinsekten anbieten. Außerdem lassen sich Insekten problemlos im Abonnement von einem der immer zahlreicheren Züchter beziehen (einschlägige Adressen finden Sie in Fachzeitschriften, s. Anhang). Neben der Quantität ist jedoch auch die ausgewogene und hochwertige Qualität des Futters eine Grundvoraussetzung für Gesundheit und langes Leben unserer Geckos und damit Garant für langjährige Haltungs- und Zuchterfolge. Wer diesbezüglich kein Risiko eingehen möchte, kann sich auch eine eigene Futterzucht anlegen (s. nächster Abschnitt).

Damit jede einseitige Ernährung vermieden wird, sollte man beim Füttern darauf achten, im Wechsel verschiedene Insektenarten anzubieten. Da Leopardgeckos – wie mehrfach erwähnt wurde – sehr gefräßig sind, sollte dies kein Problem darstellen, und ein gesunder *Eublepharis* frisst eigentlich jedes Futtertier der richtigen Größe. Schwierigkeiten bereitet unter Umständen das Kalzium-Phosphor-Verhältnis der Futtertiere (vor allem, wenn diese einseitig ernährt wurden), da diese Substanzen gewöhnlich etwa in der Relation 1 : 9 enthalten sind. Unsere Pfleglinge benötigen jedoch tunlichst ein Verhältnis zwischen 1 : 1 und 1,5 : 1. Dies lässt sich zum einen dadurch erreichen, dass man die Insekten etc. vor dem Verfüttern gründlich mit einem geeigneten Vitamin-Mineralstoff-Gemisch einstäubt (gute Erfahrungen haben wir beispielsweise mit „Korvimin ZVT + Reptil" oder „CalcaMineral für Tauben" gemacht). Die Futtertiere müssen aber auch stets unverzüglich gefressen werden, da der Kalziumstaub ansonsten nach einer gewissen Zeit entweder von selbst herunterrieselt oder beim Putzen verschwindet. Wesentlich einfacher gestaltet sich demgegenüber das gezielte Füttern von der Pinzette, da man so sicherstellt, dass die Nahrungstiere sofort gefressen und alle Pfleglinge gleichmäßig versorgt werden. Vor allem große Schaben sollten Sie nur von der Pinzette verfüttern, da sie die unangenehme Eigenschaft haben, sich unverzüglich im Terrarium zu verstecken – manchmal an für die Geckos unzugänglichen Stellen. Zusätzlich kann man seinen Pfleglingen noch kleinere Stücke Sepiaschulp anbieten. Diese werden einfach in einem kleinen Schüsselchen in das Terrarium gestellt. Die harte Außenschale wird von den Geckos allerdings nicht verwertet.

Das Problem des unausgewogenen Kalzium-Phosphor-Verhältnisses stellt sich bei Mäusebabys nicht. Vor allem trächtigen Weibchen liefern Mäuse ein Optimum an Mineral- und Nährstoffen. Jedoch darf nicht verschwiegen werden, dass Leopardgeckos, die man regelmäßig mit Mäusebabys füttert, auch bissig werden können und nach den Fingern des Pflegers schnappen.

Zum Abschluss wollen wir kurz auf ein Problem hinweisen, das sehr selten mal auftreten kann und sich daraus ergibt, dass im Terrarium verbliebene Futtertiere die Geckos anfressen. Aus eigener Erfahrung konnten wir erleben, wie einmal ein im Terrarium geschlüpfter Großer Schwarzkäfer ein Loch durch die Haut eines Geckos gefressen hat. Glücklicherweise verheilte die Wunde anschließend wieder.

Futtertiere sollten vor dem Verfüttern mit einem Vitamin- und Mineralstoffpräparat bestäubt werden. Foto: K. Kunz

Futtertierzuchten

Eigene Futterzuchten weisen viele Vorteile auf. Als Erstes wäre die Unabhängigkeit von Lieferengpässen zu nennen, doch auch die Qualität kann man bei selbst gezüchteten Insekten und Mäusen in hohem Maße selbst bestimmen. Nur wer diesen stets hochwertige und abwechslungsreiche Nahrung anbietet, gibt die wertvollen Nährstoffe auch an die Geckos weiter. Allerdings sollte sich jeder darüber im Klaren sein, dass Futterzuchten mit der gleichen Aufmerksamkeit betrieben werden müssen wie die Haltung der Leopardgeckos selbst. Sie erfordern ebenfalls einen gewissen regelmäßigen Zeitaufwand, und auch die Lärmbelästigung durch Grillen und Heimchen kann auf manche Menschen sehr störend wirken, und die von selbst gezüchteten Schaben u. Ä. ausgehende Geruchsbelästigung darf ebenso wenig verschwiegen werden wie der leider immer wieder auftretende Milbenbefall sowie gelegentliche Ausbrüche der Zuchttiere (die früher oder später garantiert vorkommen). Betreiben Sie all das im eigenen Haus, so wird Ihnen wohl kaum jemand Vorschriften machen.

Ganz anders verhält es sich in Mietwohnungen. Hier ist zu berücksichtigen, dass schon das Heimchen rechtlich als Hausschädling gilt, was unter Umständen beträchtliche Folgen (Hinzuziehung eines Kammerjägers u. Ä.) nach sich ziehen kann.

Wer sich dennoch zur Zucht verschiedener Futtertiere entschließt, kann den nachstehenden Kurzanleitungen folgen. Ausführliche Beschreibungen finden Sie in dem Buch „PraxisRatgeber Futterzuchten“ von BRUSE et al. (2. Aufl. 2008).

Zuchtansätze erhält man im Zoofachhandel, auf Amphibien- und Reptilienbörsen und bei entsprechenden Züchtern (Adressen finden sich in den Fachzeitschriften, siehe Anhang).

Argentinische Schabe (*Blaptica dubia*)

Da die meisten Schaben sich sehr schnell fortbewegen und nach dem Entkommen hervorragend in menschlichen Wohnungen einnisten können, gibt es nur wenige Arten, die sich für die Zucht in den eigenen vier Wänden eignen. Zu ihnen gehört die Argentinische Schabe, weil sie sich vergleichsweise langsam bewegt, nicht an Glas emporlaufen kann und nach bisherigen Erfahrungen auch nicht außerhalb des Zuchtbehälters dauerhaft überlebt. Als Zuchtkästen eignen sich alle dicht schließenden Plastikbehälter (ab ca. 10 l Volumen) und entsprechende silikongeklebte Glasbecken. An mindestens einer Seite und im Deckel müssen mit feinem Fliegendraht verschlossene Lüftungsschlitze vorhanden sein. Besonders gut bewährt haben sich große Fauna-Boxen und ähnliche Behältnisse. Die ideale Zuchttemperatur liegt bei 28–32 °C.

Die Argentinische Schabe ist mit einer Länge von 4 cm (und knapp 2 cm Breite) ein stattlicher Futterbrocken. Männchen kann man leicht erkennen, da nur sie vollständig ausgebildete Flügel tragen. Ihre Lebenserwartung liegt bei 1–1,5 Jahren.

Für einen Zuchtansatz benötigt man mindestens etwa 30 Weibchen und 15 Männchen – je mehr desto besser, denn diese Art hat einen sehr langen Entwicklungszyklus. In Abständen von ca. 6 Wochen legen die Weibchen je eine Eikapsel, aus der später 15–30 Jungtiere (Nymphen) schlüpfen. Die Entwicklung bis zur Geschlechtsreife beansprucht bei den oben genannten Temperaturen 4–6 Monate. Auf den Boden des Zuchtbehälters kommt eine 2–3 cm hohe Schicht Hundeflocken; darüber legt man als Versteckmöglichkeit mehrere übereinandergestapelte Eierkartons. Alle 3–4 Tage erhalten die Tiere etwas Feuchtfutter hinzu – jedoch nur so viel, wie sie auch tatsächlich fressen. Zur Ernährung eignet sich praktisch alles, was in der Tierhaltung allgemein üblich ist. Wer gleichzeitig Nager züchtet, kann den Schaben Mäusefutter anbieten, aber auch Presslinge aller Art. Als Feuchtfutter bekommen sie Obst, Salate, Löwenzahn, Karotten u. Ä. (bei genügenden Mengen erübrigt sich eine Wassertränke). Da die Entwicklung sehr viel Zeit in Anspruch nimmt, sollte man die ersten Tiere erst entnehmen, wenn eine Generationsfolge abgeschlossen ist.

Zweifleckgrillen und Heimchen (*Grillus bimaculatus; Acheta domestica*)

Die verschiedenen Grillenarten, zu denen auch das Heimchen gehört, stellen wohl das klassische Terrarienfutter unserer Leopardgeckos dar. Als Zuchtbehälter eignen sich hochwandige, ca. 50–60 cm lange Plastikterrarien oder ähnliche Behältnisse, sofern sich diese mit einem Deckel verschließen lassen. An einer Seite sowie im Deckel bringt man Lüftungsschlitze aus Messinggaze an. Diese sorgen für den nötigen Luftaustausch, der wiederum eine übermäßige Schwitzwasserbildung und den damit einhergehenden Milbenbefall verhindert. Die Temperatur sollte bei 28–30 °C liegen.

Alle Arten haben eines gemeinsam: Die Männchen erzeugen durch Aneinanderreiben der Flügel einen unerträglichen Lärm. Dieser kann zumal in einem Mietshaus als überaus störend empfunden werden. Die Geschlechter lassen sich sehr gut anhand der Legeröhre des Weibchens unterscheiden.

Für einen Zuchtansatz reichen 10–15 Paare aus. Als Versteckmöglichkeiten bietet man den Tieren übereinandergestapelte Eierkartons oder fertigt aus Pappe einige Rollen an, die mit einem Gummiring zusammengehalten werden. Solche Rückzugsmöglichkeiten benötigen die Tiere während der Häutung. Als Ablagebehälter dienen 5–8 cm hohe Vorratsdosen aus

Heimchen Foto: K. Kunz

Plastik. Diese werden entweder mit einem Torf-Sand-Gemisch oder mit Steckmoos (für Feuchtgestecke) gefüllt. Damit die Grillen die frisch gelegten Eier nicht auffressen, deckt man die Ablagebehälter mit Fliegendrahtgeflecht ab. Gefüttert werden die Insekten mit Hundeflocken, Presslingen, Obst- und Gemüseresten. Zusätzlich muss eine Tränke vorhanden sein. Am besten eignen sich dazu Vogeltränken oder Reagenzgläser, die man mit Wasser füllt und mit einem Wattebausch verschließt. Die Entwicklungszeit dauert bei Grillen etwa 8–10, bei Heimchen ca. 7–8 Wochen. Mindestens einmal in der Woche muss man die Behälter kontrollieren und das Legesubstrat notfalls nachfeuchten, denn es darf auf keinen Fall austrocknen.

Großer Schwarzkäfer (*Zophobas morio*)

Der ursprünglich aus dem tropischen Südamerika stammende Große Schwarzkäfer ist ein eher behäbiger Bodenbewohner, der allerdings auch geschickt klettern kann. Die Tiere können maximal 12 Monate alt werden; sie paaren sich schon bald nach der Metamorphose und legen im Laufe ihres Lebens normalerweise über 1.500 Eier. Zur Zucht geeignet sind nur Behälter mit mindestens 10 l Volumen aus Glas, PVC oder Hartplastik, da Holzkästen oder Weichplastik von den Larven zerfressen würde. Auch hier bringt man an den Seiten und im Deckel Lüftungsschlitze mit feinmaschiger Messinggaze an. Die Temperatur kann zwischen 25 und 30 °C liegen.

Für die Zucht benötigt man etwa 20 Käfer, die beim Hantieren einen unangenehmen Geruch absondern. In der Natur leben die Larven in morschem Holz. Für eine ertragreiche Zucht benötigt man mehrere Behälter. Es klappt zwar auch mit einem, doch dann ergeben sich viel geringere Erträge. In einer großen Zucht werden Käfer und Larven strikt voneinander getrennt gehalten. Den Käferbehälter füllt man etwa 5 cm hoch mit Kleintierstreu an. Darauf legt man einige große Stücke sehr raue Rinde. Die Käfer legen ihre Eier in den Spalten der

Borke ab. Da die Eier für ihre Entwicklung eine gewisse Umgebungsfeuchtigkeit benötigen, wird das Substrat einmal die Woche gering übersprüht. Nach ca. 8–12 Tagen schlüpfen die ersten Larven. Alle 14 Tage sammelt man die Käfer ab, entnimmt die Rindenstücke und schüttet das Substrat mit den kleinen Larven in einen Larvenbehälter. Danach füllt man den Käferbehälter mit neuem Substrat auf und legt die Rinde samt den Käfern wieder hinein. Wenn dies in regelmäßigen Abständen wiederholt wird, sind die Larven immer schön der Größe nach sortiert. Nach etwa 8 Wochen haben sie ihre volle Länge erreicht. Jetzt nimmt man einige von ihnen und setzt sie einzeln in kleine, mit Streu gefüllte Plastikdosen. Hier werden sich die Larven bald verpuppen, und nach etwa 3–4 Wochen schlüpfen die Käfer. Diese kommen in einen neuen Zuchtbehälter, und der ganze Zyklus beginnt von vorne. Gefüttert werden die Käfer ebenso wie die Larven mit Hundeflocken, allen Arten von Trockenfutter, Obst, Gemüse, Kartoffeln und Löwenzahn. Eine höhere Luftfeuchtigkeit ist unbedingt geboten. Die Behälter müssen auch regelmäßig komplett gereinigt werden, da sich sonst unweigerlich Milben einnisten.

Bei der „kleinen" Zuchtvariante hält man die Käfer und alle Larvenstadien gemeinsam in einem Behälter. Dieser sollte jedoch ein Mindestvolumen von 100 l aufweisen und wenigstens im hinteren Bereich bis zum Deckel mit dicht gestapelten Eierkartons angefüllt sein, in die sich die großen Larven zum Verpuppen zurückziehen können. Da für die Eier eine gewisse Feuchtigkeit gewährleistet sein muss, neigt diese Zuchtvariante verstärkt zu Milbenbefall.

Große Wachsmotte (*Galleria melonella*)

Diese Art zählt zu den Kleinschmetterlingen und erreicht eine Flügelspannweite von 28–35 mm, während ihre Länge 10–14 mm beträgt. Wie bei vielen anderen Nachtfaltern liegen die gräulich hellbraun marmorierten Flügel in Ruhestellung dicht am Körper an. Für den Menschen spielen die Motten vor allem augrund ihrer parasitären Lebensweise in Bienenstöcken eine Rolle.

Wachsmotten lassen sich gut in handelsüblichen Glas- oder Plastikaquarien bzw. Kleintierboxen züchten, aber auch Eimern und Blechdosen, sofern diese über einen dicht schließenden (und fest sitzenden!) Deckel verfügen, dessen Belüftungsöffnung mindestens 1/3 der Deckelfläche ausmachen sollte und mit Metallgaze (Maschenweite maximal 0,4 mm) bespannt werden muss. Sehr gut bewährt haben sich die im Haushaltsfachhandel erhältlichen Einmachgläser (Volumen 1 Liter) mit zweiteiligem Deckel: der mittlere Teil der Oberseite des Schraubverschlusses besteht hier aus einer schwach gewölbten Blechscheibe, die zwischen Glasrand und Schraubverschluss zu liegen kommt. Klebt man an ihrer Stelle mit Silikonkautschuk oder Heißkleber ein entsprechend größeres Stück feinmaschiger Metallgaze an die Innenwand des Gewindeteils, so erhält man einen gleichermaßen gut belüfteten und ausbruchsicheren Zuchtbehälter. In Nachahmung der im Bienenstock herrschenden Verhältnisse lassen sich Wachsmotten am besten in dunklen Räumen bei Temperaturen zwischen 25 und 30 °C züchten; als unterer Grenzwert dürfen 22 °C, als oberer 34 °C gelten.

In den erwähnten Behälter gibt man nun klein gebrochene, alte Bienenwaben, die man von Imkern erhalten kann. Probleme kann es geben, wenn man den wahren Verwendungszweck verrät, weil Wachsmotten sich keiner großen Beliebtheit bei Imkern erfreuen. Die Waben werden vor ihrer Verwendung durch einen mehrtägigen Aufenthalt im Tiefkühlfach von unerwünschten Parasiten wie Milben befreit. Die Vermehrungsrate dieser Art ist enorm. Ein Weibchen kann insgesamt bis zu 800 Eier legen, aus denen nach 5–8 Tagen die kleinen (oft als „Wachsmaden" bezeichneten) Raupen schlüpfen. Diese wachsen in zwei bis dreieinhalb Wochen zu ihrer vollen Größe von

24–28 mm heran (variiert ernährungsabhängig). Die für Nachtfalter typische, maximal 9 mm lange und von einem zähen Kokon aus silbrigen Gespinstfäden umgebene „Mumienpuppe" ist anfangs hellgelb, verfärbt sich aber bald kastanienbraun, um nach etwa anderthalb Wochen den fertigen Falter zu entlassen. Die Gesamtdauer des Entwicklungsprozesses beträgt also gut sechs Wochen.

Wenn die Zucht gut läuft, produzieren die Tiere eine Eigenwärme von mehreren Grad, sodass sich die Temperatur im Gefäß deutlich erhöht. Wenn kein ausreichender Luftaustausch stattfindet, bildet sich sehr schnell Schwitzwasser, das fast immer für einen starken Milbenbefall sorgt. Daher sollte die Lüftung niemals zu klein bemessen sein. Zuchtansätze bekommt man mittlerweile in vielen gut sortierten Zoofachgeschäften.

Als Alternative zum normalen Futter (Bienenwaben) kann man auch selbst ein Nährsubstrat herstellen. Bei uns hat sich die Mischung von Friederich & Volland (1992) sehr bewährt. Als Zutaten dienen:

- 500 g flüssiger Bienenhonig (vor der Verarbeitung auf etwa 35 °C erwärmen)
- 500 g Glyzerin (am besten in der Apotheke besorgen)
- 200 g Bierhefe
- 200 g Magermilchpulver
- 200 g Weizenkeime
- 2 kg Weizenkleie
- 500 g Haferflocken

Im ersten Arbeitschritt werden der flüssige Honig und das Glyzerin – am besten unter Zuhilfenahme einer Küchenmaschine (Knethaken) – gründlich miteinander verrührt; anschließend gibt man nach und nach die übrigen Zutaten hinzu und durchmischt das Ganze so lange, bis man eine leicht krümelige Masse erhält. Das Ganze bleibt anschließend etwa drei Tage zum Aushärten stehen, ehe es in kleineren, verbrauchsgerechten Portionen direkt verfüttert oder tiefgefroren wird, sodass man es monatelang aufbewahren kann. Der Auftauprozess muss allerdings behutsam und bei etwa 30 °C vonstatten gehen, da ansonsten der beim Einfrieren kristallisierte Zucker für die Larven nicht genießbar ist.

Die fertige resp. vollständig aufgetaute Masse wird nun etwa 4 cm hoch auf den Boden des Zuchtgefäßes gegeben, das man anschließend mit einem Zuchtansatz von etwa 20 Wachsmotten besetzt. Am besten bereiten Sie regelmäßig in kurzen Abständen neue Ansätze vor, sodass in Zukunft permanent Motten und Larven aller Größen zur Verfügung stehen.

Die ausgewachsen Raupen kriechen auf der Suche nach einem geeigneten Verpuppungsplatz unruhig an der Oberfläche des Futtersubstrats umher, wo man sie leicht absammeln kann. Auch in den ersten Tagen nach der Bildung des Kokons lassen sich die Larven mit etwas Geschick noch unbeschädigt aus der Gespinsthülle befreien und verfüttern. Da übersehene Raupen auch im Terrarium Schäden an Korkverkleidungen u. Ä. anrichten können, sollte man sie nur kontrolliert – also von der Pinzette oder in glattwandigen Behältern – verfüttern.

Larven des Mehlkäfers Foto: K. Kunz

Mehlkäfer („Mehlwürmer", *Tenebrio molitor*)

Zahlreiche Großzüchter von Leopardgeckos füttern ihre Tiere ausschließlich mit Mehlwürmern. Obwohl diese Futtertiere allgemein in keinem allzu guten Ruf stehen, läuft die Zucht dort seit Generationen erfolgreich. Mehlwürmer sind auch für den Liebhaber geeignet – allerdings nur, wenn man diesen Insektenlarven eine ausgewogene Mischkost (mit Möhren als Feuchtfutter) anbietet.

Zur Zucht eignen sich steilwandige Plastikbehälter ab einem Volumen von ca. 10 l, die mit einem Deckel verschlossen werden, in dem sich eine große, gazebespannte Lüftungsöffnung befindet. Optimal läuft der Zuchtbetrieb bei Temperaturen zwischen 28 und 30 °C.

Auf den Boden des Behälters gibt man eine mindestens 2 cm hohe Schicht aus Semmelbrösel, Weizenschrot, Haferflocken und Mehl (zu gleichen Teilen vermischt). Alle Zutaten werden gründlich verrührt, das Ergebnis wird gleichmäßig über den Boden gestreut. Als Feuchtfutter bietet man täglich frische Karottenscheiben an, die mit „CalcaMineral", „Calcipod D3" oder gemahlenem Sepiaschulp bestreut wurden – am besten in separaten Schalen, damit die Kleie-Brot-Masse nicht feucht wird.

Kurze Zeit nachdem die Käfer in die Zuchtbehälter gesetzt wurden, beginnen diese, ihre Eier im Substrat abzulegen, das schon bald von winzigen, etwa 2–3 mm langen Larven wimmelt. Bei ausreichender Fütterung erübrigt es sich, sie von den Elterntieren zu trennen, zumal Letztere nur etwa einen Monat alt werden. Das Wachstum der Larven verläuft unter günstigen Umständen so rasant, dass man schon binnen Monatsfrist einen Teil abschöpfen und als Futter verwenden kann.

Ein vollständiger Entwicklungszyklus beansprucht unter optimalen Bedingungen (27 °C und gute Fütterung) etwa ein Vierteljahr.

Ofenfischchen (*Thermobia domestica*)

Dieses Urinsekt stellt wegen seiner leichten Züchtbarkeit ein ideales Futter für Jungtiere dar. Ofenfischchen lieben die Dunkelheit und

verbergen sich tagsüber in schmalen Spalten und Zwischenräumen. Wie ihr Name vermuten lässt, sind sie äußerst wärmeliebend und benötigen daher Haltungstemperaturen weit über 30 °C. Für die Zucht benötigt man einen glattwandigen Behälter (im Idealfall aus Glas oder Plastik), an dessen Wänden die Ofenfischchen nicht emporklettern können. Er sollte dicht verschließbar und mit einer Lüftungsfläche ausgestattet sein. Bestens geeignet sind z. B. großvolumige Plastikdosen mit innen aufliegendem Deckel (von Ikea). Dieser Deckel sollte stets eine Lüftungsfläche aufweisen, die man mit feinmaschiger Gaze verschließt. Sie darf jedoch nicht zu groß ausfallen, da die Tiere ihren Wasserbedarf nicht durch Trinken, sondern durch die Aufnahme von Feuchtigkeit aus der relativ stark gesättigten Atmosphäre decken (wobei eine zu niedrige relative Luftfeuchtigkeit genau so schlecht vertragen wird wie eine zu hohe oder gar Schwitzwasser). Am besten läuft die Zucht bei etwa 35–40 °C (lokal darf es sogar geringfügig wärmer werden). Unter diesen Bedingungen setzen die Weibchen in regelmäßigen Abständen ihre aus 5–40 Eiern bestehenden Gelege ab, denen (je nach Temperatur und relativer Luftfeuchtigkeit) nach frühestens 14 Tagen die Jungen entschlüpfen. Ihre Entwicklung bis zum ausgewachsenen Tier beansprucht etwa 3 Monate.

Als Bodenschicht füllt man eine Lage Getreide- und Gemüseflocken (Hundefutter) in den Zuchtbehälter. In einer jederzeit gut einsehbaren Ecke wird ein mit Wasser gefülltes Glasgefäß platziert, das man fest mit einer Lage Stoff verschließt. Letztere soll einerseits verhindern, dass die Tiere in den Wassergefäßen ertrinken, gleichzeitig aber eine ausreichende Verdunstung gewährleisten. Welche Formen und Größen von Marmeladen- oder sonstigen Gläsern sich für Ihre Zucht am besten eignen, müssen Sie selbst ausprobieren. Die Öffnung sollte so groß ausfallen, dass sich weder Schwitzwasser an den Wänden niederschlägt noch das Futter im Behälter zu schimmeln beginnt.

Die übrige Einrichtung besteht aus einer locker geschichteten Lage Pappe (etwa Eierkartons) sowie zusammengeknülltem Küchen- oder Toilettenpapier, Toilettenpapierrollen o. Ä. Diese Elemente bilden den eigentlichen „Lebensraum" der Ofenfischchen. Vervollständigt wird das Inventar durch einen gut faustgroßen Baumwollwattebausch, den die Tiere bevorzugt zur Eiablage nutzen. Die Versorgung der Zuchten erfolgt ausschließlich nach Bedarf. Es wird also erst wieder gefüttert, wenn auch die letzten Nahrungsreste aufgebraucht sind. Daher ist der zeitliche Aufwand minimal.

Zum Verfüttern nimmt man einfach einen Eierkarton vorsichtig aus dem Behälter und schüttelt die Ofenfischchen in eine höhere Plastikdose oder ein ähnliches Gefäß, aus dem sie nicht wieder hinausklettern können. Dort werden sie anschließend gründlich mit einem Vitamin-Mineralstoff-Gemisch eingestäubt und anschließend ins Terrarium gegeben.

Der Umgang mit Leopardgeckos

Zum Schluss seien noch einige grundsätzliche Anmerkungen zum „Hantieren" (genauer gesagt zum „Umgang") mit Leopardgeckos gestattet.

Bei vielen Liebhabern gelten diese Echsen wegen ihres attraktiven Aussehens und zutraulichen Verhaltens regelrecht als „Heimtiere". Dennoch handelt sich nicht um Hunde oder Katzen, die man ständig bedenkenlos mit der Hand berühren kann. Der Begriff „Zahmheit" ist bei diesen Tieren unangebracht, da sie bei Interaktionen wie „Streicheln" u. Ä. keine Beziehung zu ihrem Pfleger aufbauen. Berührungen jeder Art lösen vielmehr Stress aus. Auch wenn viele Leopardgeckos beim Anblick ihres Halters sofort an die Frontscheibe gelaufen kommen, ist dies kein Zeichen von Anhänglichkeit. Die bekanntermaßen verfressenen Tiere assoziieren den Terrarianer schlichtweg mit Futter und erwarten von ihm Grillen und keine Streicheleinheiten. Wir wollen aber nicht verschweigen, dass gut eingewöhnte Tiere ihrem Pfleger bisweilen freiwillig auf die Hand steigen, um dort stressfrei ihr Futter in Empfang zu nehmen.

Leopardgeckos dürfen nicht wie Spielzeug behandelt werden. Viele Kinder haben den Wunsch, Reptilien zu pflegen, und da stehen vor allem Leopardgeckos ganz oben auf der Liste. Vor einer derartigen Anschaffung sollten Sie sich aber vorher ausgiebig über die Haltungserfordernisse und den damit verbundenen Aufwand informieren, bevor Sie ihrem Kind solche Tiere kaufen. Bedenken Sie dabei auch, dass die Tiere durchaus 20 Jahre alt werden können und nicht wie Hamster oder Meerschweinchen schon nach wenigen Jahren versterben. Häufig sind Kinder nur unter Anleitung ihrer Eltern zu einer artgerechten Pflege in der Lage.

Typische Abwehrstellung eines Leopardgeckos. Erst quiekt das Tier zur Warnung, und dann setzt es Kot ab. Fotos: F.W. Henkel

Um es kurz und knapp zu formulieren: Leopardgeckos sind reine „Schautiere“, die es ihrem Pfleger durchaus nicht übel nehmen, wenn er gelegentlich mit ihnen hantiert. Schlüpflinge und Jungtiere reagieren jedoch oft viel empfindlicher und sollten deshalb nicht unnötig berührt werden.

Allen, die sich über diese Sachverhalte im Klaren sind, können wir die Pflege von Leopardgeckos nur empfehlen, denn die Echsen gehören sicherlich mit zu den am besten zu haltenden und am leichtesten nachzuziehenden Bewohnern unserer Terrarien. Sie sind auch für Anfänger geeignet – aber keineswegs nur für diese. Viele Liebhaber, die einmal Leopardgeckos gepflegt haben, kommen nicht mehr von ihnen los. Ein weiterer Vorteil liegt in ihrer dämmerungs- und nachtaktiven Lebensweise. So haben auch Berufstätige genügend Zeit, ihre Tiere ausgiebig zu beobachten.

III. Nachzucht im Terrarium

Voraussetzungen für die erfolgreiche Nachzucht

Auch heute kann trotz all unseres Wissens zwischen Erwerb und erfolgreicher Nachzucht oft eine beträchtliche Zeitspanne verstreichen. „Heute gekauft und morgen bereits das erste Gelege erhalten" – das trifft auch auf den Leopardgecko nicht zu. Dabei spielen zahlreiche Faktoren eine Rolle. Neben dem Alter sind z. B. die Harmonie des jeweiligen Paares bzw. der Gruppe und die Eingewöhnung zu berücksichtigen. Außerdem bereitet vielen Pflegern das Nachgestalten der natürlichen Temperatur- und Feuchtigkeitsverhältnisse gewisse Schwierigkeiten – vor allem, wenn es um das Simulieren der kühlen Phase geht. Dennoch muss jeder Pfleger auch eigene Erfahrungen sammeln und die Haltungsbedingungen immer wieder optimieren, bis sich der gewünschte Erfolg einstellt.

Leider sind die anderen *Eublepharis*-Arten noch nicht regelmäßig in unseren Terrarien anzutreffen. Aber auch sie können gut nachgezüchtet werden: frisch geschlüpfte Jungtiere von *E. angramainyu*. Foto: J. Stenicka

Damit die bisher so erfolgreiche Nachzucht des Leopardgeckos nicht irgendwann in eine „genetische Sackgasse" gerät, sollten immer einige Grundregeln beachtet werden. So ist es von besonderer Wichtigkeit, bei allen Nachzuchten eine gewisse Auslese zu betreiben. Das beginnt schon beim Schlupf der Jungtiere. All jene, die nicht aus eigener Kraft schlüpfen, lässt man besser in der Schale. Haben es die Jungen jedoch selbstständig geschafft, so muss man missgebildete und sogenannte „Kümmerlinge" sofort aussortieren und darf sie keinesfalls zur weiteren Zucht verwenden. Genauso wichtig ist das Zusammenführen geeigneter Tiere in möglichst großen Zuchtgruppen. Prinzipiell dürfen jene nur aus einwandfreien, kräftigen und gesunden Tieren bestehen. In Vosjoli et al. (2005) wird berichtet, dass bei dem Großzüchter Ron Tremper nach etwa der 20. Filialgeneration erstmals erbliche negative Merkmale auftraten. So war etwa der Schwanz leicht verkürzt und die Krankheitsanfälligkeit nahm zu, die Fruchtbarkeit hingegen ab. Als er derartige Geckos mit „frischem Blut" aus einer anderen Zuchtlinie kreuzte, verschwanden die erwähnten Degenerationserscheinungen und traten – zumindest bis zur 27. Generation – nicht wieder auf.

Für eine erfolgreiche Vermehrung ist es außerdem wichtig, das genaue Alter seiner Leopardgeckos zu kennen. Zum einen kann es nämlich sein, dass die Echsen noch gar nicht die Geschlechtsreife erreicht haben, zum anderen sind sie möglicherweise schon zu alt, um sich fortpflanzen zu können. Wer daher völlig sichergehen will, erwirbt ausschließlich

Nachzuchten. Nur dann kennt man das genaue Alter der Tiere, und solche Leopardgeckos befinden sich, wie schon gesagt, normalerweise in einer viel besseren Verfassung als Wildfänge – was sich natürlich positiv auf ihre Fortpflanzung auswirkt.

Geschlechtsreife

Die Geschlechtsreife setzt in der Natur und im Terrarium meist zu unterschiedlichen Zeitpunkten ein. Wann dies konkret der Fall ist, hängt von vielen Faktoren ab: In Ausnahmefällen können die Jungen schon nach 7 Monaten geschlechtsreif sein, im Normalfall etwa nach 12–15 Monaten. Spätestens in ihrem dritten Lebensjahr sollten sich die Echsen aber auf jeden Fall fortpflanzen können. Die gesamte Entwicklung wird natürlich stark von diversen Umweltfaktoren wie Nahrung, Temperatur, Photoperiode etc. beeinflusst.

Wilms (1989) stellte fest, dass die Geschlechtsreife in der Regel mit der 32.–35. Woche eintritt. Zur Größe gibt Abraham (1986) an, dass seine Leopardgeckos dieses Stadium mit ca. 11,5 cm (Weibchen) bzw. ca.14,5 cm (Männchen) erlangten. Hier ergeben sich gegenüber den Werten von Wilms (1989) erhebliche Unterschiede, da bei ihm Weibchen erst bei einer Größe von 19–20 cm zur Fortpflanzung schritten.

Abschließend bleibt festzuhalten, dass man die Weibchen aus Gesundheitsgründen nicht

Ausgewachsene Weibchen bringen ein Gewicht von über 60 g auf die Waage. Foto: F.W. Henkel

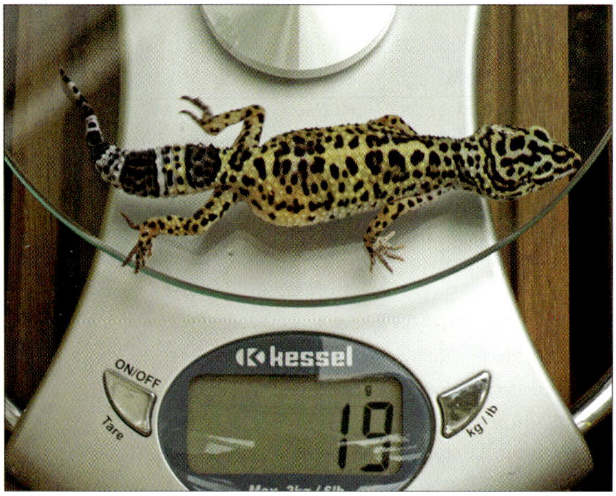

Dieses trächtige junge Weibchen wiegt erst 19 g; so junge Tiere sollten besser noch nicht zur Zucht angesetzt werden. Foto: F.W. Henkel

zu früh zur Zucht einsetzten darf. Nach GRIESSHAMMER & Köhler (2006) sollten die Tiere ein Mindestgewicht von 40 g erreicht habe, was normalerweise in ihrem zweiten Lebensjahr der Fall ist.

Für die meisten anderen Arten sind bisher keine Daten verfügbar. Nach SEUFER et al. (2005) soll *E. turcmenicus* jedoch die Geschlechtsreife erst im Alter von 2,5–3 Jahren erreichen.

Zusammensetzung einer Zuchtgruppe

Wie schon erwähnt wurde, können sich Leopardgeckos auch aggressiv gebärden, und die Männchen bilden Reviere aus. Grundsätzlich lassen sich die Echsen einzeln – dann werden sie nur zur Fortpflanzung zusammengesetzt –, paarweise oder in Gruppen halten, wobei Letztere aus einem Männchen und mehreren Weibchen bestehen. Den Vorzug sollte man Kleingruppen aus einem Männchen und mehreren Weibchen geben.

Doch wie stellt man nun derartige Zuchtgruppen zusammen? Ideal wäre es, wenn man die Tiere sehr jung erwirbt und von Anfang an gemeinsam großzieht. Sie können sich so aneinander gewöhnen und zeigen in aller Regel keine innerartlichen Aggressionen. Da man aber das Geschlecht bei den noch sehr kleinen Jungen nicht zweifelsfrei bestimmen kann, empfiehlt es sich, vorsorglich eine größere Anzahl anzuschaffen und nach Möglichkeit gemeinsam aufzuziehen. Durch regelmäßige Beobachtungen und Kontrollen erkennt man schnell, welche Tiere sich miteinander vertragen und welche nicht. Überzählige Männchen und unterdrückte Individuen sind unverzüglich zu separieren; als Endergebnis entsteht so eine harmonische Zuchtgruppe.

Leider kann es trotz dieser Vorsorge geschehen, dass ein Geschlecht fehlt, oder dass ein Tier verstirbt und ein Neues in die Gruppe integriert werden muss. Meist gelingt auch dies ohne Probleme, und die Geckos vertragen sich. In solchen Fällen ist immer für ausreichende Versteckplätze zu sorgen. Besonders bei älteren Männchen kann die erneute Vergesellschaftung jedoch schwerfallen. Um Ausfällen vorzubeugen, müssen die Echsen stets eine Zeitlang verstärkt kontrolliert werden. Stellt man auch unter den Weibchen Aggressionsverhalten fest, so muss das betreffende Tier wieder von der Gruppe getrennt werden. Allerdings kann man einen zweiten Versuch starten, indem man das gesamte Terrarium ausräumt, vollständig neu einrichtet und dann den Neuling gemeinsam mit der alten Gruppe in das neue Becken setzt.

Weitere Voraussetzungen für eine erfolgreiche Vermehrung

Ist die Zusammenführung einer Gruppe geglückt, so kann noch einige Zeit verstreichen, bis man die erste Nachzucht bzw. das erste Gelege erhält. Dies kann an einer mangelhaften Synchronisation der Geschlechter liegen. Beim Leopardgecko ist die Reproduktionsperiode nämlich an den Wechsel der Jahreszeiten gekoppelt. Die Echsen halten eine mehr oder weniger lange Winterruhe. Als eigentlicher Auslöser für ihr Fortpflanzungsverhalten kommen Temperaturerhöhungen, möglicherweise auch Veränderungen der Photoperiode (d. h. die Zunahme der Tageslänge) in Betracht. So bewirkt jede Temperaturerhöhung zugleich eine Steigerung des Stoffwechsels, der wiederum Impulse an das Nervensystem weiterleitet, das dann die Reifung der Eier und Spermien auslösen kann. Werden alle Tiere unter gleichen Bedingungen gehalten, stellt das in der Regel kein Problem dar, weil sie gleichzeitig in den Fortpflanzungzyklus kommen (oder auch nicht). Erwirbt man aber nachträglich ein weiteres Exemplar, so kann sich dieses u. U. wegen der zuvor völlig unterschiedlichen Haltung in einer ganz anderen „Stimmungslage" befinden.

Zu welchem Zeitpunkt die Fortpflanzung in der Natur stattfindet, wurde bisher nur von Minton (1966) beschrieben. Seine Beobachtungen machte er in der Umgebung von Karatschi im Süden Pakistans. Demnach erfolgen die Paarungen von März bis April, während Eiablagen in den Monaten April bis August zu beobachten waren.

In diesem Zusammenhang muss auch die Frage beantwortet werden, wie die Geschlechter einander finden und erkennen. Leider liegen auch zu diesem Punkt keinerlei Freilandbeobachtungen vor. Im Terrarium stellt die Partnerfindung zumeist kein Problem dar. Aufgrund der räumlichen Enge begegnen die Tiere einander zwangsläufig, sodass die Männchen – zumindest während der Paarungszeit – Geschlecht und Paarungsbereitschaft der Weibchen anhand sexueller Geruchsstoffe (Pheromone) erkennen können.

Geschlechtsausprägung

An dieser Stelle wollen wir uns etwas näher mit der Geschlechtsausprägung beim Leopardgecko befassen. Eines der interessantesten Phänomene bei der Zucht verschiedener Reptilien ist die Tatsache, dass ihr Geschlecht abhängig ist von den während der Embryonalentwicklung vorherrschenden Temperaturen (die sogenannte „Temperature Dependent Sex Determination", kurz TSD).

Im Gegensatz zu Säugetieren und Vögeln, wo es von den Geschlechtschromosomen abhängt, ob sich der Embryo zum Männchen oder zum Weibchen entwickelt, besitzen viele Reptilien keine derartigen Chromosomen. Also muss es eine andere, nicht genetisch gesteuerte Möglichkeit geben, die Geschlechter festzulegen. Innerhalb der Familie der Eublepharidae (Lidgeckos) scheint die Geschlechtsausprägung auch mit den unterschiedlichen Größen der Männchen und Weibchen zusammenzuhängen. In diesem Kontext fanden Viets et al. (1994) heraus, dass Arten, bei denen die Männchen größer als die Weibchen sind, eine temperaturabhängige Geschlechtsausprägung aufweisen. Bei jenen Spezies hingegen, deren Weibchen generell größer als die Männchen werden, erfolgt die Festlegung des Geschlechts genetisch. In diesen Fällen spielt die Inkubationstemperatur bei der Geschlechtsausprägung also keine Rolle. Für den Leopardgecko wurde nachgewiesen, dass sich bei der Eizeitigung in Abhängigkeit von den jeweiligen Temperaturen unterschiedliche Geschlechter entwickeln. So erhält man sowohl bei sehr niedrigen als auch bei sehr hohen Temperaturen nur Weibchen. Auch durch die Zugabe von Östrogen (einem weiblichen Geschlechtshormon) in die Eier lässt sich das Geschlecht beeinflussen. Crews et al. (1997) fanden heraus, dass sich die Temperaturänderungen auch auf die Verteilung von Enzymen und Hormonrezeptoren (bspw. Östrogenen [weibliche Hormone] und Androgenen [männliche Hormone]) auswirken. In allen mit Östrogen behandelten Eiern bildeten die Embryonen Ovarien aus. Dies war auch bei jenen der Fall, die sich aufgrund der Bruttemperatur normalerweise zu Männchen entwickelt hätten.

Die Temperatur ist nicht nur für das Geschlecht ausschlaggebend, sondern prägt auch das sexuelle Verhalten der Geckos. Weibchen

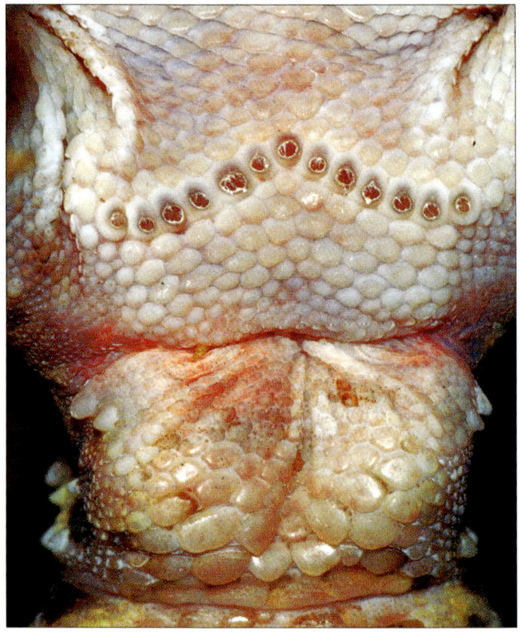

Das Geschlecht eines Leopardgeckos lässt sich am sichersten durch das Betrachten der Analregion erkennen: links ein Weibchen, rechts ein Männchen. Fotos: F.W. Henkel

aus Eiern, die man bei niedrigen Werten inkubiert, erlangen viel eher die Geschlechtsreife als solche, die bei höheren Werten gezeitigt wurden. Sie sind auch für die Männchen wesentlich attraktiver. Sogenannte „heiß gezeitigte" Weibchen verhalten sich ähnlich wie Männchen und legen diesen gegenüber auch eine hohe Aggression an den Tag. Ihr ganzes Wesen und Aussehen kann durchaus als maskulin gelten. Zeitigt man die Eier hingegen bei 30,5 °C, einer Temperatur, bei der gleichermaßen Männchen und Weibchen entstehen können, sind die Männchen wesentlich größer und stabiler gebaut; überdies haben sie auch ein wesentlich höheres Gesamtgewicht. Vergleicht man jedoch Weibchen, die bei 32,5 °C gezeigt wurden, mit denen, die sich bei Inkubationstemperaturen zwischen 26 und 30 °C entwickelt haben, so treten die Unterschiede offensichtlich zutage: Die „heiß gezeitigten" Weibchen weisen eine größere Kopf-Rumpf-Länge auf und sind auch erheblich schwerer. Im Gegensatz dazu weisen die bei 32,5 °C und 30 °C inkubierten Männchen in punkto Körpergröße und Gesamtgewicht keinerlei Unterschiede auf. Dies liegt vermutlich daran, dass den Weibchen bei der Zeitigung ein wesentlich größeres „Temperaturfenster" zur Verfügung steht, denn die Temperaturspanne, innerhalb derer Männchen entstehen, ist sehr klein.

Es kommt auch immer wieder vor, dass „heiß gezeitigte" Weibchen versuchen, sich mit „kalt gezeitigten" zu paaren. Zur Zucht sind „heiß gezeitigte" Weibchen äußerst ungeeignet. Rein äußerlich kann man sie häufig daran erkennen, dass ihre Präkloakalporen eine Öffnung aufweisen und damit jenen der Männchen ähneln. Die Präkloakalporen der „kalt gezeitigten" Tiere hingegen sind kleiner und geschlossen.

Es bleibt die Frage zu beantworten: Bei welchen Temperaturen schlüpfen nun Weibchen bzw. Männchen?

Inkubiert man die Eier kühler als 26 °C, so erhält man nur weibliche Leopardgeckos, und zwar sogenannte „kalt gezeitigte" Tiere. Bei Werten um 29 °C schlüpfen etwa im gleichen Verhältnis Männchen und Weibchen. 30 °C sorgen für ein Verhältnis von 70 : 30 zugunsten der Männchen. Bei 31,5 °C schließlich schlüpfen fast nur noch Männchen. Bei dieser Temperatur kommt es allerdings auch immer wieder vor, dass die Embryos im Ei absterben. Die Obergrenze für eine normale Entwicklung dürfte etwa bei 34 °C liegen. Tiere, deren Inkubationstemperatur über 33 °C lag, sind wiederum fast durchweg Weibchen, eben die sogenannten „heiß gezeitigten". Interesse verdient in diesem Zusammenhang die Tatsache, dass bei mehr als 32,5 °C gezeitigte Weibchen weniger aggressiv sind und für Männchen wieder anziehender werden (Flores et al. 1994). Angesichts der Bedeutung derart geringer Temperaturabweichungen für die Geschlechtsausprägung ist eine genaue Regelung der Inkubationstemperatur sehr wichtig. Da die Ergebnisse aber nicht ausnahmslos den eben geschilderten Schemata entsprechen, dürften auch andere Faktoren eine Rolle spielen.

Abraham (1986) macht folgende Angaben zur Geschlechtsausprägung: Bei 26,7–29 °C Inkubationstemperatur beträgt das Verhältnis Männchen: Weibchen 1: 50, bei 32–33,4 °C hingegen 14: 2, die Zeitigungsperiode schwankt von 35 Tagen bei hohen bis 65 Tagen bei niedrigen Temperaturwerten.

Bei Bull (1987) schlüpften aus Eiern, die während der ersten 30 Tage bei 26 °C gezeitigt wurden, ausschließlich Weibchen, während aus solchen, die im gleichen Zeitraum 32 °C ausgesetzt waren, durchweg Männchen hervorgingen.

Untersuchungen zu diesem Mechanismus liegen bisher nur von vereinzelten Krokodil-, Schildkröten-, Gecko- und Agamen-Arten vor. Dabei wäre die gezielte Geschlechtsbestimmung mit Hilfe der richtigen Bruttemperatur bei der Zucht von Reptilien von besonderer Bedeutung für Terraristik und Naturschutz. Konkret praktiziert wird sie schon bei den Versuchen, die man derzeit mit Meeresschildkröteneiern durchführt. Hier soll durch gezieltes Ausbrüten bei einer bestimmten Temperatur der Anteil der Weibchen unter den Schlüpflingen gesteigert werden, um so in der Zukunft eine höhere Vermehrungsrate zu erzielen.

Es bleibt nur zu hoffen, dass zahlreiche Terrarianer in Zukunft durch entsprechende Zeitigungstemperaturen für ein optimales Geschlechterverhältnis ihrer Nachzuchten sorgen, um so rechtzeitig zu verhindern, dass sie am Ende nur Nachzuchten eines Geschlechts erhalten, und um endlich auch wichtige Aussagen über die artspezifischen Temperaturbereiche der TSD treffen zu können.

Balz- und Paarungsverhalten

In der Natur beginnen die Fortpflanzungsaktivitäten etwa Anfang März und laufen gegen Ende April aus (Minton 1966). In den nördlichen Teilen des Verbreitungsgebiets kann die Saison jedoch auch kürzer ausfallen. Bei Populationen, die eine Sommerruhe einlegen, wird sie natürlich auch in dieser Zeit unterbrochen. Ein ausschlaggebender Faktor für das Einsetzen der Paarungsbereitschaft scheint das Ansteigen der Temperatur nach der mehrwöchigen Winterruhe zu sein. Unter Terrarienbedingungen kann man etwa 2–4 Wochen nach Beendigung der Ruhephase bei seinen Tieren die ersten Fortpflanzungsaktivitäten beobachten. Eingewöhnte Geckos paaren sich zwar oftmals den gesamten Sommer hindurch, ohne zuvor eine echte Winterruhe durchgemacht zu haben, doch sollte man diesen jahreszeitlichen Zyklus schon im Hinblick auf die Herkunft der Tiere einhalten.

Zum Fortpflanzungsverhalten gehören das einleitende Balzritual und die Kopulation. Die eigentliche Werbung beginnt, sobald ein Geschlechtspartner gefunden wird. Dabei gilt es als gesichert, dass die Geschlechter einander – und auch ihre innere Stimmung (z. B. paarungsbereit oder nicht) – anhand von Pheromonen (Sexualduftstoffen) erkennen, die von den Tieren abgegeben werden. Entdeckt nun ein Männchen ein paarungsbereites Weibchen, so beginnt seine Schwanzspitze heftig zu vibrieren und erzeugt dabei schlagende Geräusche.

Die Reaktion der Partnerin auf diese Annäherungsversuche wird maßgeblich davon beeinflusst, unter welchen Bedingungen sie gezeitigt wurde: „Heiß gezeitigte" Weibchen gebärden sich wesentlich aggressiver als „kalt inkubierte" Exemplare. Bei Ersteren kommt es auch viel häufiger zu heftigen Attacken auf Männchen. Dabei sind Verletzungen keine Seltenheit. „Kalt gezeitigte" Weibchen hingegen bleiben zumeist ruhig sitzen und reagieren nur mit seitlichen Schlängelbewegungen des Schwanzes. Wenn das Männchen seine Partnerin erreicht hat, beleckt oder beißt es deren Körper noch mehrmals sanft, ehe es zum Nackenbiss schreitet und die eigentliche Paarung erfolgt. Hierzu hebt das Weibchen den Schwanz ein wenig an, sodass das Männchen seine Kloakenöffnung unter die der Partnerin positionieren kann. Die eigentliche Kopulation dauert nur wenige Minuten; danach kann man die Tiere häufig beim Reinigen von Kloakenöffnung und Hemipenis mit der Zunge beobachten (vgl. THOROGOOD & WHIMSTER 1979). Da ein Leopardgecko-Männchen – wie alle Echsen und Schlangen – ein paarig angelegtes Geschlechtsorgan besitzt (die Hemipenes), kann es seine Partnerin von beiden Seiten begatten.

Häufig ist zu beobachten, dass die Weibchen auf das Werben der Freier ablehnend reagieren und zu flüchten versuchen. Im Terrarium ist dies selten von Erfolg gekrönt. Das Männchen verfolgt die Angebetete immer wieder, bis es schließlich zur Kopulation kommt. In solchen Fällen kann man später häufig Bissverletzungen im Nacken- und Halsbereich der Weibchen erkennen. Das Männchen fixiert seine Partnerin nämlich durch einen sogenannten Paarungs- oder Nackenbiss. Gerade in dieser Phase kann es zu Hautverletzungen kommen, weil die Weibchen manchmal versuchen, sich dem Paarungsbiss zu entziehen. Allerdings wirkt der Anblick der verletzten Hautpartien häufig wesentlich dramatischer, als es tatsächlich der Fall ist. Man sollte das Weibchen allerdings einige Tage beobachten, um eventuelle Hautinfektionen rechtzeitig zu behandeln. Nach RÖSLER (2005) kann der Nackenbiss jedoch auch vollständig entfallen.

Die Geckos paaren sich das ganze Jahr über, mit Ausnahme der kühlsten Saison. Trennt man die Geschlechter für einen längeren Zeitraum, kommt es anschließend in den meisten Fällen unverzüglich zur Kopulation. Werden mehrere Weibchen in einem Terrarium gepflegt und dann mit einem Männchen vergesellschaftet, kopuliert dieses nacheinander mit jeder Partnerin. Die Geckos verpaaren sich mehrere Male hintereinander. Nach jeder Eiablage findet in kurzem Abstand eine neue Paarung statt.

Von den anderen Arten ist außer den Daten bei RÖSLER (1996) nichts bekannt (bei ihm paarte sich *E. turcmenicus* zu Beginn des Frühlings).

Vorratsbefruchtung

Aufgrund ihrer nächtlichen Lebensweise (kein Sichtkontakt über weite Entfernungen) und der damit verbundenen Schwierigkeit, rechtzeitig einen passenden Partner zu finden, sind die Weibchen fast aller Gecko-Arten in der Lage, Spermien im Ovidukt (Eileiter) über einen längeren Zeitraum zu speichern, sodass diese auch zu einem deutlich späteren Zeitpunkt eine Eizelle befruchten können (sogenannte Amphigonia retardata); so können die Weibchen ohne erneute Paarung mehrere befruchtete Gelege ablegen. Zur Dauer der Speicherung lebenskräftiger Samen beim Leopardgecko gibt es unterschiedliche Angaben. Nach unseren Erfahrungen kann eine einzige erfolgreiche Paarung im Frühjahr für die gesamte folgende Fortpflanzungssaison ausreichen. ABRAHAM (1986) gibt die Überlebensfrist fertiler Spermen im Weibchen mit vier Monaten an, und laut VOSJOLI et al. (2005) beträgt sie sogar neun Monate.

Trächtigkeit

Schon wenige Tage nach einer erfolgreichen Verpaarung zeigen die Weibchen einen wesentlich gesteigerten Appetit und legen eine leicht erhöhte Aggressivität an den Tag. In dieser Zeit sollten sie soviel Nahrung erhalten, wie sie nur zu sich nehmen wollen, wobei auf eine möglichst hochwertige Zusammensetzung geachtet werden muss. Den größten Nährwert haben dabei frisch geborene Mäusebabys, die es inzwischen problemlos im Fachhandel und auf Terraristikbörsen tiefgefroren gibt. Natürlich müssen sie vor dem Verfüttern auf Körpertemperatur erwärmt werden. Neben dem üblichen Beutefang kann man die Weibchen nun auch gelegentlich bei der Aufnahme von Kalk in Form von zerstoßener Sepiaschale, Eierschale oder Muschelgrit beobachten. Daher sollte im Terrarium stets ein Schälchen mit einem entsprechenden Kalkpräparat vorhanden sein.

Die Dauer der Trächtigkeit kann unterschiedlich ausfallen: In der Regel beträgt sie etwa 3–4 Wochen, durchschnittlich verstreichen zwischen Kopulation und Eiablage 23 Tage. Rückt der Zeitpunkt der Eiablage näher, zeichnen sich die heranreifenden Eier deutlich im Leib des Weibchens ab; auch äußerlich erkennt man sie als helle Flecken, die beim Betrachten der Bauchseite durch die Haut schimmern. Dies darf man jedoch nicht mit eingelagertem Fettgewebe verwechseln. Kurze Zeit vor der Eiablage reduzieren die Weibchen die Nahrungsaufnahme bzw. stellen diese vollständig ein und zeigen eine erhöhte Aktivität. Nun wandern sie auf der Suche nach einem geeigneten Ablageplatz scheinbar ziellos umher und unternehmen einige Probegrabungen, bis sie sich für einen Ablageplatz entschieden

Blick in einen Zuchtbehälter bei dem britischen Großzüchter Ray Hine: Die trächtigen Weibchen begeben sich in die Eiablagebox, um ihre Gelege abzusetzen. Foto: F.W. Henkel

Beispiele für aus dem Zoohandel erhältliche Eiablageboxen: oben von der Fa. Exo Terra, unten von der Fa. Namiba Terra
Foto: F.W. Henkel

stecken. Die vermutlich längste Trächtigkeit beobachtete ROHDE (1991). Als er kurz vor Einleiten der Winterruhe im November bemerkte, dass ein Weibchen noch trächtig war, hielt er es im Winter weiterhin unter warmen Bedingungen. Dennoch legte das Tier erst im März des folgenden Jahres wie üblich zwei Eier ab, aus denen gesunde Nachzuchten schlüpften.

Von den anderen Vertretern der Gattung ist so gut wie nichts bekannt. RÖSLER (1996) berichtet, dass die Trächtigkeit von *E. turcmenicus* bei ihm 30–40 Tage in Anspruch nahm.

Eiablage

Während der Fortpflanzungsperiode sind die Weibchen in der Lage, mehrere Gelege mit einem oder zwei Eiern abzusetzen Nach unseren Erfahrungen produzieren junge Weibchen jährlich 1–3, mit zunehmenden Alter 4–5 und in Ausnahmefällen sogar bis zu 10 Gelege. Je älter die Tiere werden, desto stärker reduziert sich die Anzahl der Gelege dann wieder. Bei einigen unserer Weibchen setzte die Fortpflanzung erst nach 14 Jahren völlig aus.

Im Schnitt verstreichen zwischen Kopulation und Eiablage ca. 23 Tage. SEUFER et al. (2005) berichten von einem Weibchen, das im Alter von 24 Jahren, 2 Monaten und 4 Tagen an Legenot verstarb. GRIEßHAMMER & KÖHLER (2006) und VOSJOLI et al. (2005) geben an, dass

haben. Wie die Tiere den optimalen Platz finden, ist noch nicht geklärt; man kann aber sehr schön beobachten, dass sie ihre Schnauze für eine gewisse Zeit prüfend in jedes Probeloch

weibliche Leopardgeckos im Laufe ihres Lebens 80–100 Eier legen, wobei die schnellste Gelegefolge bei 2–6 Jahre alten Tieren zu verzeichnen sei. Mit dem Erreichen ihres 9.–10. Lebensjahres stellten sie die Fortpflanzung ein.

Nach Rösler (1995) produzieren die Weibchen vier Gelege, zwischen denen jeweils ein Intervall von 15–67 Tagen liegt; der Abstand zwischen zwei Legeperioden beträgt ihm zufolge 10 Monate. Nach Zander (mdl. Mittlg.) werden während der Legeperiode alle 14–26 Tage zwei Eier abgelegt, insgesamt produziert ein Weibchen pro Saison bis zu 10 Gelege.

Diese Aufzählung ließe sich noch weiter fortsetzen – sie demonstriert sehr schön, wie unterschiedlich die einzelnen Erfahrungen ausfallen (vermutlich in Abhängigkeit von abweichenden Haltungsmethoden) und wie schwierig es ist, verbindliche Aussagen zu treffen.

Zur eigentlichen Eiablage heben die Weibchen mit den Vorder- und Hinterbeinen eine etwa 10 x 5 cm große Nestgrube aus, in der sie das Gelege absetzen. Nach Thorogood & Whimster (1979) erfolgt dies während der Nacht bzw. in den frühen Morgenstunden und kann insgesamt bis zu sechs Stunden in Anspruch nehmen. Nach Fertigstellung der Grube kriecht das Weibchen hinein und legt dort die meist noch recht flexiblen, klebrigen und strahlend weißen Eier ab. Diese werden direkt im Anschluss minutenlang mit den Hinterbeinen auf dem Bodengrund gewälzt. Dabei rollen sie über das Substrat, sodass Erde, Sand, aber auch Faserstückchen an ihnen haften bleiben und ihnen zumindest eine schmutzige Tarnfärbung verleihen, wodurch sie weniger stark auffallen. Anschließend scharren die Weibchen die Nestgrube sorgfältig wieder zu. Dieses scheint aber nicht grundsätzlich der Fall zu sein, da bei uns einige Weibchen ihre Eier nicht im Substrat gedreht haben.

Hin und wieder kann man beobachten, dass die Weibchen noch eine gewisse Zeit beim

Weibchen mit einem gerade abgesetzten Gelege Foto: F.W. Henkel

Gelege verharren und dieses regelrecht bewachen. Zum Teil scheuen sie sich nicht einmal, ihren Pfleger in den Finger zu beißen, wenn dieser die Eier entnehmen will. Selbst wenn man die Eier sofort nach der Ablage in einen Zeitigungsbehälter überführt und das Weibchen während dieser kurzen Phase herausnimmt, kommt es sofort nach der Rückkehr in den Behälter zum Ablageplatz zurück und verteidigt diesen weiterhin. Meist legt sich dieses Verhalten nach einigen Stunden.

Zwei Beispiele für Eiablageboxen im „Eigenbau" Fotos: F.W. Henkel

Hin und wieder kommt es vor, dass die Weibchen ihre Eier einfach offen auf dem Boden ablegen, ohne sie zu vergraben. Dafür gibt es vielfältige Gründe. Das Spektrum reicht vom Mangel an geeigneten Ablageplätzen bis zu Erkrankungen. Die Behauptung, es handle sich dabei stets um unbefruchtete Eier, trifft nicht zu. Auch diese Gelege sollten schnellstmöglich aus dem Terrarium entnommen und in einen Inkubator überführt werden.

Um derartige Probleme, vor allem aber Legenot oder dem Austrocknen der Eier vorzubeugen, ist es unerlässlich, den Tieren optimale Ablageplätze anzubieten. Analysiert man die bevorzugten Stellen, so stellt man immer fest, dass die Weibchen am liebsten ein leicht feuchtes, gut grabfähiges Substrat wählen, das sich an einer warmen Stelle des Terrariums befindet.

Um diese Grundansprüche an einen optimalen Ablageplatz zu erfüllen, reicht es völlig aus, wenn man den Tieren einfach einen größeren Pflanzenbehälter (ab ca. 1 l Volumen) aus Ton, Plastik

o. Ä. anbietet, der ca. 5–10 cm hoch mit leicht feuchtem Sand oder einem anderen geeigneten Substrat gefüllt ist. Diese Stelle wird anschließend mit einem Deckel, einer Steinplatte o. Ä. abgedeckt; es muss nur sichergestellt sein, dass eine ausreichend große Öffnung zum Durchschlüpfen der Tiere verbleibt oder die Schale nicht völlig verschlossen ist. Überdies muss unter der Abdeckung stets ein wenige Zentimeter hoher Hohlraum ausgespart bleiben. Diese Gefäße sollten möglichst an einem leicht erwärmten Platz des Terrariums platziert werden.

Optisch nicht sehr ansprechend, dafür aber leicht zu handhaben sind auch größere Plastikdosen (beispielsweise Tupperdosen oder Eisverpackungen), die ebenfalls mit leicht feuchtem, gut grabfähigem Ablagesubstrat gefüllt werden. In eine Seite oder in den Deckel schneidet man eine Öffnung, durch welche die Weibchen hineinkriechen können. Die Größe des Behälters sollte so gewählt sein, dass sich die Tiere problemlos darin drehen können. Fast immer nehmen die Geckos solche künstlichen „Nisthöhlen" zur Eiablage an. Ein weiterer Vorteil dieser Ablagekästen liegt in der schnellen Auffindbarkeit der Gelege, und auch das Risiko der Legenot wird so deutlich verringert.

Wer diese Methode zu „künstlich" bzw. unnatürlich findet, kann seinen Weibchen auch einfach eine feuchte Stelle im Bodengrund als Eiablageplatz anbieten. Diese sollte möglichst in einer Ecke des Behälters liegen, damit man beim Nachfeuchten nicht den ganzen Bodengrund unter Wasser setzten muss. Günstig wäre es daher, wenn das feuchte Erdreich durch einen auf der Bodenplatte eingeklebten Glasstreifen vom trockenen getrennt wird. Den eigentlichen Eiablageplatz muss man während der gesamten Fortpflanzungsperiode leicht feucht halten. Um den Weibchen das Suchen nach einem geeigneten Platz zum Graben zu erleichtern, kann man eine flache Steinplatte oder Ähnliches auf die feuchte Erde legen. Meist beginnen die Tiere nämlich, an deren Kante zu graben. Die Platte muss aber an den Seiten eine Auflage besitzen, damit sie beim „Untertunneln" nicht auf den Gecko fallen kann. Die Nachteile dieser Methode sind allerdings vielfältig: Da in einem Leopardgecko-Terrarium gewöhnlich recht hohe Temperaturen herrschen, verdunstet die Flüssigkeit rasch, und die relative Luftfeuchtigkeit steigt so auf ein unerwünschtes Niveau. Überdies trocknet das Substrat natürlich auch sehr schnell aus, und wer nicht täglich nach Gelegen sucht, wird hohe Verluste durch vertrocknete Eier zu beklagen haben.

Auch der Terraristik-Handel bietet unterschiedliche Ablagebehälter an, die teilweise als Felsimitation gestaltet sind. Wir haben auch mit diesen Behältern gute Erfahrungen gemacht.

Zeitigung und Schlupf

Die Eier der Leopardgeckos besitzen eine weiche Schale, wie sie für die meisten Echsen und Schlangen typisch ist, und die aus einer pergamentartig-faserigen Haut besteht. Diese ledrige Hülle bildet das Kennzeichen aller Lidgecko-Eier. Aufgrund dieser weichen Hülle sind die Eier auch stark von den Umweltbedingungen abhängig. Sie sind z. B. deutlich anfälliger gegen Austrocknung als die hartschaligen Eier vieler Geckos. Aus diesem Grund vergraben die Weibchen ihre aus 1–2 Eiern bestehenden Gelege nur in ausreichend feuchtem, lockerem Boden.

Die Eier enthalten den von schützenden Hüllen (Chorion, Amnion und Allantois) umgebenen Embryo. Hinzu kommt ein großer Dottervorrat in einer eigenen Hülle. Unbefruchtete Eier erkennt man meist sofort. Häufig zeigen sie ein wachsartiges Aussehen oder zumindest einen gelblichen Schimmer, und oftmals sind sie zusätzlich von gelatinöser Konsistenz (sogenannte Wachseier). Im Gegensatz dazu sind befruchtete Eier prall und – zumindest direkt nach der Ablage – schneeweiß. Die länglich ovalen Eier haben einen

Gelege im Inkubationsbehälter Foto: F.W. Henkel

Durchmesser von ca. 11–20 mm und sind 25–35 mm lang; bei der Ablage wiegen sie ungefähr 5 g. Im Zuge ihrer Entwicklung wachsen sie bis kurz vor dem Schlupf erheblich: ABRAHAM (1986) gibt ihre Größe mit ca. 32,5 x 14,5 mm an. WILHELM (1998) zufolge sind die Eier bei der Ablage 15 mm breit und 26 mm lang; bis zum Schlupf dehnen sie sich auf 29 x 19 mm aus. Die Eigröße hängt z. T. vom Alter des Weibchens, seinem Allgemeinzustand, der Anzahl der Gelege pro Saison und auch der Haltungstemperatur ab. Analog zur Ablagegröße der Eier variiert auch ihr Wachstum. Allerdings hängen ihre Dimensionen nicht unbedingt mit der Länge der Schlüpflinge zusammen. Aus den größten Eiern kommen also nicht zwingend die stattlichsten Jungtiere.

Die Gelege sollten stets sofort aus dem Terrarium entnommen werden, damit sie nicht Terrarienmitbewohnern oder gefräßigen Futtertieren wie Grillen, Schaben u. Ä. zum Opfer fallen. Leopardgeckos sind überdies ausgesprochene Kannibalen: Sie würden ihre Jungtiere unverzüglich fressen, wenn die Möglichkeit dazu bestünde. Möchte man die Eier trotzdem im Terrarium zeitigen, so muss die Ablagestelle mit einem Korb aus Drahtgeflecht oder Ähnlichem gesichert werden. So ist gewährleistet, dass sie zum einen nicht durch weitere Grabtätigkeiten der Weibchen gefährdet sind; zum anderen können die schlüpfenden Jungtiere nicht von den Elterntieren gefressen werden.

Bei der Entnahme der Eier ist äußerste Vorsicht geboten. Zunächst wird das Gelege sorgfältig freilegt. Danach sollte die Oberseite der Eier mit einem weichen Bleistift markiert werden, um ein unbeabsichtigtes Wenden um die Längsachse während der Entnahme bzw. Überführung zu vermeiden. Werden sie nämlich zu einem späteren Zeitpunkt verdreht, sterben die Embryos ab. Wann der Zeitpunkt eintritt, an

Eier von *Eublepharis macularius* Foto: W. Schmidt

dem eine größere Lageveränderung tödliche Folgen hat, ist nicht exakt bekannt. In den ersten 24 Stunden nach der Ablage führt sie noch nicht zum Absterben des Embryos.

Die Eier werden nach der Entnahme aus dem Terrarium vorsichtig in einen Zeitigungsbehälter überführt, der etwa zu einem Drittel mit mäßig feuchtem Substrat gefüllt ist. Hierzu drückt man – beispielsweise mit dem Daumen – eine leichte Mulde ins Substrat und legt das Ei hinein. Es sollte schließlich etwa zu 30–50 % eingegraben sein. Als Zeitigungssubstrate eignen sich besonders Perlite und Vermiculit. Allerdings muss man beim Kauf dieser Produkte darauf achten, dass es sich um Sorten handelt, die auch für die Pflanzenkultur in Frage kommen und nicht als Isoliermaterial auf dem Bau dienen. Letztere sind nämlich oft mit einem Imprägniermittel behandelt, das die Eischalen auflöst. Auch wer die Eier auf Sand zeitigen möchte, sollte darauf achten, dass dieser unbehandelt ist, da auch Vogelsand für die Schalen schädliche Substanzen enthalten kann.

Egal ob Perlite, Vermiculit oder andere Materialien, im Zeitigungsbehälter darf niemals überschüssiges (d. h. nicht vom Substrat aufgenommenes) Wasser vorhanden sein. Doch wie stellt man nun fest, ob der Feuchtigkeitsgrad im Zeitigungssubstrat richtig ist? Im Allgemeinen gilt bei Vermiculit die Faustregel, dass das Substrat ausreichend feucht ist, wenn im Zeitigungsbehälter kein freies Wasser mehr vorhanden ist und das Material beim Zerdrücken zwischen den Fingern etwas Flüssigkeit freigibt. Eine ausreichende Feuchtigkeit erreichen wir, indem wir das Vermiculit vollständig durchnässen und vor dem Einfüllen in den Zeitigungsbehälter wieder etwas mit den Händen auspressen. Da Perlite aus harten Körnchen besteht, kann man es leider nicht ohne weiteres zwischen den Fingern ausquetschen.

Schlupf eines Leopardgeckobabys Fotos: W. Schmidt

Hier muss man einen anderen Weg finden, um den Feuchtigkeitsgrad zu ermitteln. Auch hier gilt die Grundregel: Auf keinen Fall darf freies Wasser im Behälter vorhanden sein. Die Restfeuchte erkennt man teilweise (oftmals abhängig vom Brutapparat) am Feuchtigkeitsniederschlag am Rand des Zeitigungsbehälters im Inkubator. Letzterer sollte nur an einigen Stellen ganz leicht beschlagen sein. Ebenfalls bewährt hat sich das neue „SuperHatch“, ein mineralisches Zeitigungsmaterial, bei dem anhand der Färbung die Feuchtigkeit erkannt werden kann.

Die richtige Einstellung des Inkubationssubstrates erfordert ein gewisses Fingerspitzengefühl und/oder Erfahrung. Es ist für den Anfänger sicher hilfreich, bei einem erfahrenen Terrarianer selbst ausreichend feuchtes Material zu „erfühlen“.

Als Zeitigungsbehälter eignen sich klarsichtige, dicht schließende Plastikdosen, die jederzeit eine Kontrolle ohne Öffnen des Behälters ermöglichen. In Dosen mit Vermiculit als Substrat testet man die Substratfeuchte etwa alle drei Wochen. Gleichzeitig sorgt das Öffnen des Behälters auch für einen ausreichenden Gasaustausch. Stellt man fest, dass im Substrat keine ausreichende Feuchtigkeit mehr vorhanden ist, muss es nachgefeuchtet werden. Dafür verwendet man auf die passende Temperatur eingestelltes Wasser, das vorsichtig am Dosenrand in den Zeitigungsbehälter gegeben wird, ohne die Eier zu benetzen. Generell gilt es, den direkten Kontakt der Eier mit Wasser zu verhindern.

Den Zeitigungsbehälter stellt man nun in einen Inkubator. Je nach gewünschtem Geschlecht (siehe „Geschlechtsausprägung“) sollte der erforderliche Temperaturbereich, gemessen bei den Eiern (!), zwischen 25 und 33 °C liegen. Auch schwankende Temperaturen – beispielsweise tagsüber bis zu 31 °C und nachts maximal 20 °C – werden von den Eiern im Allgemeinen gut vertragen. Bei zahlreichen

Reptilienarten sind derart gezeitigte Jungtiere deutlich agiler als jene, die bei konstanten Werten inkubiert wurden. Diese Beobachtung konnten wir beim Leopardgecko jedoch nicht machen.

Alle handelsüblichen und selbstgebauten Modelle von Brutapparaten sind geeignet, wenn sie nur in der Lage sind, die gewünschte Temperatur relativ konstant zu halten. Am geläufigsten sind die „Kunstglucke“ der Fa. Jäger, der Brutschrank der Fa. „Exotarium“ und der Motorbrüter nach BROER & HORN (1985).

Wesentlich preiswerter ist der folgende, schon seit Jahren erprobte und sehr einfach zu bauende Brutkasten. Hierfür nimmt man ein kleines Aquarium, in das etwa 10 cm hoch Wasser eingefüllt wird. Auf den Boden legt man zwei Ziegelsteine, die über den Wasserspiegel hinausragen und später die Zeitigungsbehälter tragen. Beheizt wird das Becken durch einen regelbaren Aquarienheizstab mit geringer Leistung, der im Wasser versenkt wird. Dann verschließt man es mit einem dicht schließenden Styropordeckel. Im Inneren muss ein verlässlich arbeitendes Thermometer installiert sein. Mit seiner Hilfe wird die Temperatur laufend kontrolliert, bis sie verlässlich im gewünschten Bereich liegt. Erst wenn die Werte mehrere Tage hindurch den Anforderungen entsprechen, kann ein Brutbehälter mit Eiern hineingestellt werden; man sollte die Temperatur weiterhin täglich überprüfen und ggf. korrigieren.

In der Regel bereitet die Zeitigung bei Leopardgeckos keine Probleme. Nur gelegentlich können die Eier Pilzbefall aufweisen, den man aber mit einer antimykotischen Salbe leicht in den Griff bekommt. In so einem Fall sollte allerdings unverzüglich das Substrat ausgetauscht werden. Andere Terrarianer haben sehr gute Erfahrungen damit gemacht, etwas Aktivkohle unter das Vermiculit zu mischen und so die Schimmelbildung möglichst von vornherein zu unterbinden.

Die Zeitigungsdauer der Eier hängt in erster Linie von der Bruttemperatur ab. Darüber hinaus ist anscheinend auch die ursprüngliche Herkunft der Geckos ein Kriterium für die Entwicklung der Embryonen. Ganz ausschlaggebend ist jedoch, ob es sich um Wildfänge oder um Nachzuchten über mehrere Generationen handelt. So werden die Abstände zwischen Eiablage und Schlupf bei den Nachzuchten immer kürzer, und auch die Geschlechtsreife tritt früher ein. Hier wirken sich die gegenüber dem teilweise extremen Naturklima die wesentlich günstigeren Terrarienbedingungen positiv aus.

Das Gewicht der Schlüpflinge (hier: *Eublepharis angramainyu*) liegt etwa 1 g unter dem des Eis kurz vor dem Schlupf. Foto: J. Stenicka

Abhängig von der Inkubationstemperatur schlüpfen die Jungtiere nach etwa 35–70 Tagen. Bei konstant 28 °C beträgt die Zeitigungsdauer etwa 45–53 Tage. Dabei kommt es vor, dass die beiden Jungtiere aus einem Gelege nicht gleichzeitig, sondern mit bis zu drei Tagen Abstand schlüpfen.

RÖSLER (1995) nennt als Inkubationszeit 42–69 Tage, SEUFER (1985) führt 39–62 Tage an (jedoch ohne Angabe der Zeitigungstemperatur). ABRAHAM (1986) beziffert die Inkubationszeit der Eier – ebenfalls ohne Hinweis auf die Temperatur – mit 35–65 Tagen; im Durchschnitt setzt er sie mit 45 Tagen an. WAGNER (1974) beobachtete bei Temperaturen von 26,7–29,4 °C eine durchschnittliche Zeitigungsdauer von 40 Tagen. WILHELM (1998) erwähnt Werte zwischen 26 und 28 °C, bei denen die Embryonen für ihre Entwicklung 35–42 Tage benötigen; hier starben sie bereits bei einer längeren Temperaturerhöhung über 30 °C ab. ZANDER (mdl. Mittlg.) machte folgende Beobachtung: bei einer Temperatur von 33 °C am Tag und 29 °C in der Nacht schlüpfen die Jungen nach etwa 65–70 Tagen, der Anteil der Männchen lag bei etwa 40 %. Betrug die Temperatur 24–25 °C, dauerte die Entwicklung 80–90 Tage und es schlüpften nur Weibchen. Auch diese Aufstellung ließe sich noch erheblich erweitern, doch wird das breite Spektrum an Möglichkeiten auch so ersichtlich.

Ob es bei den einzelnen Unterarten signifikante Abweichungen hinsichtlich der Zeitigungstemperatur gibt, ist nicht bekannt. Zu *E. turcmenicus* findet man bei KAVERKIN & ORLOV (1996) die Angabe, dass die Jungtiere nach ca. 57 Tagen schlüpften, und zwar bei einer Zeitigungstemperatur von 26–27 °C.

Der eigentliche Schlupf kündigt sich meist durch das „Schwitzen" der Eier an. Hierbei bilden sich auf der Schale (mitunter zahlreiche) kleine Wassertropfen, während sich das Volumen des Eis verringert. Mit Hilfe des Eizahns schlitzen die Jungtiere nun die Hülle in Längsrichtung auf (das mit bloßem Auge kaum erkennbare Gebilde sitzt am Oberkiefer und fällt bereits kurze Zeit nach dem Schlupf ab). Als Erstes schieben die Jungtiere vorsichtig ihre Schnauze ins Freie und verharren noch kurze Zeit, ehe sie das Ei ganz verlassen. Unterdessen ziehen sie noch den restlichen Dotter in die Leibeshöhle ein und stellen ihren Organismus auf die Lungenatmung um.

Porträt von *Eublepharis angramainyu*
Foto: J. Stenicka

Kaum aus dem Ei geschlüpft, bewegen sich die Jungen äußerst flink und schreckhaft, sodass sich ihre Entnahme aus dem Zeitigungsbehälter gar nicht so einfach gestaltet. Auch zeigen sie sofort ihr angeborenes Abwehrverhalten. Die Geckos richten sich hoch auf, indem sie die Beine durchdrücken und bei geöffnetem Maul quietschende Töne von sich geben. Bereits kurz nach dem Schlupf häuten sich die jungen Geckos zum ersten Mal.

Leopardgeckos wachsen ihr ganzes Leben lang, sollten aber grundsätzlich spätestens nach 15–18 Monaten so weit ausgewachsen sein, dass man die weitere Längenzunahme kaum noch wahrnimmt. Zum Zeitpunkt des Schlupfes messen die kleinen Echsen etwa 75–89 mm und wiegen etwa 2,5–3,5 g. Ihr Wachstum ist enorm: Bereits nach 12 Monaten können die Männchen eine Länge von mehr als 20 cm und ein Gewicht von mindestens 30 g aufweisen. Ausgewachsene Tiere wiegen im Durchschnitt bei einer Kopf-Rumpf-Länge von 14,5 cm etwa 40 g. Die Weibchen erreichen bei 11,5 cm ein Durchschnittsgewicht von 30 g. Das Wachstum und auch das Gewicht sind allerdings, wie schon erwähnt, von verschiedenen Faktoren abhängig.

Die Aufzucht der Jungen

Die frisch geschlüpften Leopardgeckos zieht man in Kleinterrarien auf, deren Einrichtung möglichst den Behältern für erwachsene Tiere nachempfunden wird. Als Bodengrund findet am besten auch hier ein Sand-Lehm-Gemisch Verwendung. Weniger ästhetisch, doch ebenfalls problemlos ist die Aufzucht in einer Art „Sterilterrarium" (das natürlich nicht wirklich steril ist, aber eben sehr sauber), dessen Bodengrund man aus einigen Lagen Küchenpapier bildet. Weniger geeignet ist feiner Sand als Bodengrund, da Leopardgeckofüße für die Fortbewegung auf festem Substrat ausgelegt sind.

Auf dem Boden ordnet man zahlreiche Versteckplätze und Klettermöglichkeiten in Form von Steinplatten, Tonscherben oder -schalen bzw. eine alte Wurzel o. Ä. an. Auch das Terrarienklima sollte dem für die ausgewachsenen Tiere gleichen, allerdings dürfen die Tageshöchstwerte nicht ganz so extrem ausfallen,

Jungtiere vier Wochen nach dem Schlupf Foto: F.W. Henkel

Jungtier im Terrarium Foto: W. Schmidt

da die Jungtiere die Mechanismen der Thermoregulierung erst unvollkommen beherrschen und die kleinen Behälter stärker zur Überhitzung neigen. In diesem Zusammenhang hat es sich bewährt, den Behälter nur etwa zu einem Drittel mittels einer Heizmatte oder eines kleinen Spotstrahlers zu beheizen, da die Geckos so in der Lage sind, den optimalen Temperaturbereich aufzusuchen.

Vor allem muss darauf geachtet werden, dass in diesen kleinen Becken stets ein feuchter Rückzugsplatz vorhanden ist – etwa unter einer Steinplatte in der Ecke oder in der Tonschale –, da die Jungtiere empfindlich auf übermäßige Trockenheit reagieren. Im Idealfall zieht man die kleinen Geckos einzeln auf. Auf diese Weise lässt sich gut kontrollieren, wie viel die einzelnen Tiere fressen. Wer allerdings eine größere Gruppe versorgen muss, leidet bald unter Platzmangel – dann bleibt als Alternative nur die gemeinsame Aufzucht in einem entsprechend geräumigen Terrarium. Sie ist durchaus möglich, zumindest bei etwa gleich großen Tieren. Die Vorteile dieser Aufzuchtart liegen in der Konkurrenz und dem Futterneid unter den Jungen, die sie veranlassen, schneller an die ihnen angebotenen Insekten zu gehen. Ziehen Sie die Tiere aber nie gemeinsam mit weniger robusten artfremden Echsen auf, die Leopardgeckos würden den anderen Echsen allzu oft das Futter vor der Nase wegfressen!

Nicht fehlen darf eine kleine Schale mit stets frischem Wasser. Gefüttert wird am besten in den frühen Abendstunden mit einer ausreichenden Menge hochwertigem, abwechslungsreichem Futter, das stets gut mit einem Vitamin-Mineralstoff-Aminosäuren-Gemisch (beispielsweise „Korvimin ZVT + Reptil“, „Herpetal“ o. Ä.) eingestäubt wird. Überdies sollte immer auch ein Schälchen mit in winzige Stücke gebrochenem Sepiaschulp (im Zoohandel z. B. für Wellensittiche regelmäßig angeboten) vorhanden sein. Einige Tiere gehen schon am Tag des Schlupfes an das ihnen angebotene Futter, während andere erst tags darauf die erste Nahrung zu sich nehmen (bis dahin zehren sie noch von ihrem verbliebenen Dottervorrat). Als Erstfutter eignen sich junge, ca. 5 mm lange Heimchen oder vergleichbare Insekten.

Während der Aufzucht muss man die Terrariengröße dem Wachstum der Nachzuchten anpassen. Sie sollte nicht zu groß sein, da es sonst passieren kann, dass die Jungtiere nicht genügend Futter finden.

IV. Farbzuchten von Leopardgeckos

„Pastel“
Foto: F.W. Henkel

„Jungle“
Foto: F.W. Henkel

„Four-eyed Jungle“
Foto: R. Tremper

„Striped“
Foto: F.W. Henkel

„Hypomelanistic-Tangerine“
Foto: F.W. Henkel

„High Yellow-Banded“
Foto: R. Tremper

„Amelanistic"
Foto: R. Tremper

„Striped"
Foto: R. Tremper

„Black & White Jungle"
Foto: R. Tremper

„Diamondback"
Foto: R. Tremper

„Reserve Striped"
Foto: R. Tremper

„High Yellow Jungle"
Foto: R. Tremper

Gewerbsmäßige Großzüchter

Heute gehören Leopardgeckos zu den beliebtesten Bewohnern unserer Terrarien. Die attraktiven Echsen üben auf jeden Betrachter eine ungeheure Faszination aus, der man sich nur schwer entziehen kann. Viele unbedarfte Besucher von Zoofachgeschäften oder Terrarienbörsen lassen sich spontan von diesen Geckos mit dem mächtigen Kopf und den großen Augen begeistern. Insofern verwundert es kaum, dass der Leopardgecko heute zu den bekanntesten und am häufigsten gepflegten Echsen zählt; seine Popularität nimmt dabei immer noch weiter zu.

Zu Recht, wie wir finden – handelt es sich doch um eine offenbar optimal für die Terrarienhaltung geeignete Echsenart, die vor allem Anfängern wärmstens empfohlen werden kann. Dass diese Tiere heute fast überall erhältlich sind, liegt vor allem auch an ihrer kommerziellen Zucht. Vermutlich schon in den 1970er-Jahren unternahm man in Großbritannien zahlreiche Versuche, Leopardgeckos unter einfachsten Bedingungen zu pflegen und zu vermehren (Thorogood & Whimster 1979). Diese Methoden wurden später in den USA und Großbritannien perfektioniert, und mittlerweile werden die Tiere Jahr für Jahr weltweit in Hunderttausender-Stückzahlen in kommerziellen Großzuchtanlagen nachgezogen. Derartigen Farmen verdanken wir auch den größten Teil der heute bekannten Farbmorphen.

Die Haltung gestaltet sich dort meist denkbar einfach. Man pflegt die Tiere ohne künstliche Beleuchtung in Schränken, deren Schubladen als „Terrarien“ dienen. Auch eine separate Beheizung entfällt, stattdessen wird der ganze Raum auf das gewünschte Niveau erwärmt. Die Einrichtung der erwähnten Schubladen entspricht den Kriterien einer sterilen Haltung. Ein Versteck – z. B. eine umgedrehte, mit einem seitlichen Schlupfloch versehene

Anlagen zur Haltung und Aufzucht von Leopardgeckos bei dem britischen Großzüchter Ray Hine
Foto: F.W. Henkel

Verkaufsanlage in den USA Foto: F.W. Henkel

Tonschale – und ein Wassernapf vervollständigen sie. Während der Fortpflanzungszeit werden zusätzlich geeignete Eiablagebehälter angeboten. Diese Art der Haltung wäre in Deutschland völlig undenkbar, da sie einen klaren Verstoß gegen die gültigen Richtlinien (d. h. die „Mindestanforderungen an die Haltung von Reptilien") darstellt. Wir möchten an dieser Stelle aber auch darauf hinweisen, dass sich alle Geckos, die wir bei Besuchen in Großzuchtanlagen vorgefunden haben, in einem einwandfreien Zustand befunden haben.

Wie kann man durch Auslese bestimmte Muster und Farben züchten?

Heute ist allgemein bekannt, dass man Farben und Muster der Tiere durch Selektionszucht (hier gemeint: künstliche vom Menschen gesteuerte Zuchtwahl) beeinflussen kann. Bei den Leopardgeckos sind hierbei durch eine Herauszüchtung bestimmter Merkmale eine ganze Reihe „künstlicher" Farb- und Zeichnungsvarianten entstanden. Um diese zu erreichen, werden Männchen und Weibchen mit ganz bestimmten farblichen Eigenschaften verpaart, damit sie die Abweichungen vom normalen Erscheinungsbild weitervererben. Nach mehreren Generationen selektiver Auslese erhält man so eventuell in Aussehen und Farbe fast identische Nachkommen. Ohne derartige Maßnahmen würden die Geckos nach wenigen Generationen wieder ihr normales Aussehen annehmen.

Wer sich mit diesem Thema intensiv beschäftigen will, sollte sich spezielle Fachliteratur zulegen, hier soll nur ein kurzer, stark vereinfachter Einblick gegeben werden. Gegen 1865 schuf der österreichische Augustiner-Chorherr Gregor Mendel (1822–1884) die Grundlagen der modernen Vererbungslehre: Er fand heraus, dass besondere Merkmale unterschiedlich vererbt werden. So traten beispielsweise als Resultat der Kreuzung von rot und weiß blühenden Erbsensorten solche mit rosa

Mit Zuchtformen des Leopardgeckos wird viel Geld verdient – aber auch mit dieser dubiosen „Zwergform" für 2.500 US-$? Foto: F.W. Henkel

Blüten auf, während bei einer anderen Sorte alle Nachkommen der ersten Generation nur rot blühend waren. Aus all seinen Entdeckungen schließlich folgerte er, dass die Erbfaktoren in jedem Lebewesen paarweise enthalten sind – die eine Hälfte stammt von der Mutter, die andere vom Vater.

Heute wissen wir, dass die Erbsubstanz, also die kodierten Erbinformationen aller Lebewesen, die Desoxyribonukleinsäure (kurz DNA) ist. Sie besteht aus vier basischen Molekülen (Adenin, Cytosin, Guanin und Thymin), deren Anordnung verantwortlich für den Bauplan ist. Die DNA enthält die Gene (bestimmter Abschnitt auf der DNA), die die Grundinformationen zur Herstellung einer biologisch aktiven Ribonukleinsäure oder eines Proteins ist, das für die biologische Entwicklung eines Organismus und des Stoffwechsels in den Zellen notwendig ist. Verschiedene Gene sind dabei auf einem Chromosom zusammengefasst.

Jeder Gecko erbt von seinen Eltern je einen Chromosomensatz – demnach verfügen unsere Geckos also über einen doppelten Chromosomensatz. Für jedes Merkmal des Leopardgeckos gibt es immer zwei Gene (oder Gengruppen), auf denen die notwendigen Informationen „gespeichert" sind. Folglich kann ein bestimmtes Merkmal, hier als Gen vorhanden, das beispielsweise für die Färbung verantwortlich ist, in unterschiedlichen Ausprägungen auftreten. Diese verschiedenen Varianten eines Gens bezeichnet man als Allele, wobei eins vom Vater und das andere von der Mutter stammt. Sind die Gene in beiden Chromosomensätzen gleich (solche Tiere werden „reinerbig" bezüglich eines Merkmals genannt), ist das Erscheinungsbild klar. Sind sie aber nicht gleich, überwiegt in der Regel immer ein „Informationssatz" (der dominante), während gleichzeitig der andere (der rezessive) unterdrückt wird. Die Gene, auf denen die natürlichen Färbungs- und Zeichnungsinformationen festgeschrieben sind, sind gegenüber defekten Genen (wie z. B. Albinismus) dominant. Ein rezessives Merkmal kommt erst dann zum Tragen, wenn in beiden Chromosomensätzen die rezessiven Erbinformationen vorhanden sind.

Wichtig ist in diesem Zusammenhang auch der Unterschied zwischen Genotyp und Phänotyp: Da der Phänotyp lediglich das äußere Erscheinungsbild eines Individuums umschreibt, gibt er keinerlei Aufschluss über den Genotyp, d. h. die Genkonstellation, die zu diesem Aussehen führt. So kann beispielsweise ein ganz normal aussehender Leopardgecko durchaus auch Albino-Geninformationen besitzen, die aber beim Phänotyp nicht ausgeprägt werden, da sie rezessiv sind. An diesem mischerbigen Beispiel erkennt man das Zusammenspiel von dominanten und rezessiven Erbfaktoren. Nur durch exakte Aufzeichnungen kann man bei der Zucht im Laufe der Zeit den Genotyp seiner Tiere herausfinden bzw. hypothetisch erschließen.

Durch diese Mechanismen wird verhindert, dass in der Natur durch zufällige Mutationen sofort neue Formen entstehen. Dort kommt es nur äußerst selten vor, dass sich Tiere, die sich durch einen genetischen Defekt auszeichnen, miteinander paaren. Es sind meist nur einzelne Vertreter verschiedener Populationen, die durch Abweichungen vom normalen Phänotyp auffallen. Allerdings gibt es auch Populationen, in denen sich ganz bestimmte Merkmale wie etwa Melanismus (Schwarzfärbung) häufen (wie z. B. die schwarzen Kreuzottern).

Da die Mechanismen der Vererbung berechenbar sind, kann man bestimmte Merkmale im Laufe mehrerer Generationen planmäßig herauszüchten. Allerdings funktioniert es nicht so einfach, dass man nur zwei Albinos miteinander verpaaren muss und dann nur noch Albinos entstehen. Erst wenn beide Elternteile reinerbige Albinos sind, bekommt man auch fast immer entsprechende Nachkommen. Da bei einer derartigen Kreuzung verschiedene Erbanlagen vermischt werden, treten immer wieder auch unterschiedliche und nicht beeinflussbare Farbvarianten auf. Noch schwieriger wird das Zusammenspiel bei der Vererbung von Farb- oder Zeichnungsinformationen, wenn diese nicht nur auf einem Genpaar abgelegt sind, sondern von mehreren Genpaaren gesteuert werden. Die Anzahl der möglichen Kombinationen innerhalb dieses Genpools steigt dann stark an, was es umso schwieriger macht, gezielt bestimmte Farbinformationen herauszuzüchten.

Neben dominant-rezessiven spielen auch intermediäre Erbgänge bei der Zucht von Farbformen des Leopardgeckos eine besondere Rolle. Hier unterdrückt nicht eine Erbinformation die andere, vielmehr bildet sich eine Mischform der elterlichen Merkmale, wie beispielsweise bei Mendels Kreuzung von rot und weiß blühenden Erbsen, deren Nachkommen rosafarbene Blüten aufwiesen. So einfach lässt sich aber auch diese Regel nicht auf Leopardgeckos übertragen. Die Wildformen von *E. macularius* sehen ja nicht alle gleich aus. Beispielsweise variiert die Grundfärbung von Cremeweiß bis Orange, genauso stark das Zeichenmuster. Diese Eigenschaften sind in der Regel gleichrangig und vererben sich in sogenannten Mischformen. Kreuzt man beispielsweise einen „Super Hypo Tangerine" mit einem „High Yellow", so wird man eine breite Palette an Varianten erhalten. Das fängt an bei Tieren, die einem der jeweiligen Elternteile sehr ähnlich sehen, über Exemplare, die die „Super-Hypo"-Zeichnung von einem und die gelbe Grundfärbung des anderen Elternteils aufweisen, bis hin zu allen möglichen „Mischlingen".

Farb- und Zeichnungsvarianten

Nicht nur in den USA, sondern inzwischen weltweit ist es zu einer wahren Mode geworden, durch Selektion bzw. gezieltes Verpaaren von Leopardgeckos (und anderer Reptilien) ganz bestimmte Farbmerkmale herauszuzüchten (Zucht im eigentlichen Wortsinn).

Für diese Farbzüchtungen gibt es keine allgemeingültigen, einheitlichen Regeln, wie man sie von Rassehunden usw. kennt. Unsere hier dargestellten Beschreibungen der unterschiedlichen Farbmorphen oder einzelnen Merkmale erheben keinen Anspruch auf Vollständigkeit oder das Setzen von Standards. Vielmehr haben wir versucht, unsere Erfahrungen mit anderer Literatur abzustimmen und zu vergleichen (s. auch Vosjoli et al. 2005; Grießhammer & Köhler 2006 und zahlreiche Internetseiten, s. Anhang). Andere Angaben zu den unterschiedlichsten Farbformen usw. können also durchaus ihre Berechtigung haben. Die Übergänge zwischen den einzelnen Farbzüchtungen sind oft fließend, viele Bezeichnungen sind willkürlich gewählt. Eine genaue Abgrenzung kann daher nicht in allen Fällen gegeben werden. Wer mehr über die Zusammenhänge zwischen Färbung und Vererbung bei Reptilien erfahren möchte, dem sei an dieser Stelle das Buch von Broghammer (1998) empfohlen.

Alle Zeichenmuster und Farben beschränken sich in der Regel auf die Körperoberseite. Der Bauch ist immer hellgrau bis weiß und der Schwanz bei den meisten Tieren rundum gezeichnet. Da die Namen der meisten Farbvarianten von den jeweiligen Farben abgeleitet werden, ist ihre Deutung häufig unmittelbar verständlich. So bedeutet z. B. der Name „Black Leopard Gecko“ lediglich, dass die Tiere einen höheren Anteil schwarzer Pigmente (Melanin) besitzen. Solche Geckos wirken dadurch wesentlich dunkler.

Mit den benannten Farbzüchtungen sind immer erwachsene Geckos gemeint, denn die Jugendfärbung ist – wie bereits erwähnt – nicht immer ein verlässliches Indiz für das Aussehen der adulten Tiere.

Unter diesen Voraussetzungen möchten wir also die kursierenden Farb- und Zeichnungsvarianten bzw. die einzelnen vererblichen Merkmale und deren Bezeichnung kurz in der folgenden Übersicht zusammengefasst darstellen:

„Albino“-Varianten

„Albino“: Ein „Albino“ sollte nach allgemeinem Verständnis ein Gecko sein, dem alle Farbpigmente in der Haut fehlen und der deshalb eine annähernd weiße Färbung und rote Augen hat. Doch so einfach ist das bei den Leopardgeckos nicht. Die Tiere, die „Albinos“ genannt werden, zeichnen sich dadurch aus, dass bei ihnen die Melaninsynthese nur gestört oder blockiert wird. Sie zeigen daher eine enorme Variabilität in der Färbung, nur Schwarz fehlt völlig (eigentlich müssten die Tiere deshalb „amelanistisch“ statt „Albino“ genannt werden, aber die gängigen Bezeichnungen sind nun einmal die hier aufgeführten). Häufig wirken frisch geschlüpfte Jungtiere aufgrund der durchschimmernden Blutgefäße leicht rosa. Sie reagieren in den ersten Monaten sehr empfindlich auf Licht und sollten daher möglichst ohne künstliche Beleuchtungsquelle aufgezogen werden. Normale Lichtverhältnisse in einem hellen Zimmer sind während des Tages völlig ausreichend. Später kann die Zeichnung aus einem von cremeweißen, hellgrauen bis zu einem sehr dunklen braunen Farbton reichen, wobei die Grundfärbung ins Gelbliche tendiert. Die Augen der Tiere sind häufig nur leicht rötlich schimmernd und färben sich mit zunehmendem Alter etwas gräulich. Durch gezielte Zucht wurden drei voneinander unabhängige „Albino“-Linien ausselektiert. Bei einer Kreuzung dieser unterschiedlichen Albinos kann man leicht feststellen, dass die Eigenschaften nicht gemeinsam zur Ausprägung gebracht werden können. Dies liegt vermutlich daran, dass der entscheidende „Gendefekt Albino“ an unterschiedliche Allele gebunden ist. Die Veranlagung zum „Albino“ vererbt sich immer rezessiv.

Tremper Albino Crow Foto: F.W. Henkel

„Albino-Tremper-Linie“ (auch „Texas strain“): Diese Variante eines Albino-Leopardgeckos trägt den Namen ihres ersten Züchters Ron Tremper. Bei ihm schlüpfte 1996 das erste echte Albino-Jungtier, und bereits 1999 wurde die Farbmorphe auf dem

Albino-Bell-Linie Foto: F.W. Henkel

Liebhabermarkt angeboten. Heute stellt sie die mit Abstand am häufigsten angebotenen Albinos. Das erste Jungtier stammte interessanterweise von zwei heterozygoten Wildfängen ab (Vosjoli et al. 2004). Auch diese Form zeigt eine relativ variable Zeichnung. Jungtiere weisen häufig eine rosa bis pink Färbung auf, die sich später ins Gelbliche oder Bräunliche verändert. Die Färbung der Pupillen ist deutlich heller als bei Wildfängen und geht ins rötlich Orange. Die etwas selteneren dunkelbraunen Exemplare werden als „Chocolate Albino" bezeichnet.

Albino-Bell-Linie, Jungtier Foto: F.W. Henkel

„Albino-Bell-Linie" (auch „Florida strain"): Auch diese Farbmorphe wurde nach ihrem ersten Züchter, Marc Bell, benannt. Sie soll erstmals 1999 aufgetreten sein und ist bereits seit 2000 auf dem Markt erhältlich. Die Bell-Albinos haben von allen drei Linien die kräftigste Rotfärbung der Augen, die auch mit zunehmendem Alter noch gut zu erkennen ist. Die Färbung ausgewachsener Tiere gilt beim Vergleich der unterschiedlichen Albino-Linien als am kontrastreichsten.

„Albino-Rainwater-Linie" (auch „Las Vegas strain"): Ihren Namen verdankt auch diese Form ihrem ersten Züchter, Tim Rainwater (Rainwater & Rainwater 1998). Im Vergleich mit den beiden anderen Albino-Zuchtlinien sind die Tiere oft heller und weisen meist eine

Blazing Blizzard Foto: F.W. Henkel

rosa bis dunkelrote Zeichnung auf. Nur selten findet man bräunliche Exemplare. Die Färbung des Augenhintergrunds ist stärker orange und eher dunkler als die der anderen Albinos. Die Eltern des ersten Las-Vegas-Albinos sollen F1-Nachzuchten von Wildfängen gewesen sein.

Inzwischen werden die Albinos auch mit anderen Farbmorphen gekreuzt, wie z. B. den sogenannten „Patternless", dann erhält man „Patternless Albinos", oder den „Blizzards", deren Jungtiere dann als „Blazing Blizzard" bezeichnet werden. Da laufend neue Kreuzungen angeboten werden, kann hier nur ein kleiner Überblick gegeben werden.

„APTOR" (Albino Patternless Tremper Orange): Auch hierbei handelt es sich um eine Züchtung aus dem Hause Tremper. Die Geckos besitzen einen teilweise orangefarbigen Kopf („Carrothead") und Schwanz („Carrottail") sowie einen meist gelblich orange Körper mit nur gelegentlich noch schemenhaft zu erkennender Zeichnung. Die Augen der Tiere sind rot.

„Blazing Blizzard": Hierbei handelt es sich um Kreuzungen zwischen „Albinos" und „Blizzards". Dies ist mit allen drei „Albino"-Linien gelungen. „Blazing Blizzard" sind sehr helle, rein cremeweiße oder gelbliche Tiere mit roten oder besser rötlichen Augen. Durch Voranstellen des Namens der Albino-Linie wird ausgedrückt, welche Morphe zur Züchtung verwendet wurde: „Tremper Blazing Blizzards" sind also Leopardgeckos, die aus der „Albino-Tremper-Linie" gekreuzt mit einem „Blizzard" entstanden sind.

„Diablo Blanco": Wieder eine neue Farbvariante aus dem Hause Tremper, die seit Mai 2007 auf dem Markt ist. Genetisch ist sie aber nichts Neues, sondern lediglich die Kreuzung aus „Tremper Blazing Blizzards" und „Raptors". Im Ergebnis handelt es sich um weiße Tiere mit leuchtend roten Augen.

Der rein weiße Kopf und die vollständig roten Augen von „Diablo Blanco" sind besonders eindrucksvoll und lassen sich hervorragend mit anderen Morphen kombinieren, um neue Kreationen zu bilden. Foto: R. Tremper

„Hybino": Diese Farbmorphe wurde erstmals im Jahr 2000 von Ray Hine gezüchtet. Es handelt sich um eine Kreuzung aus einem „Hypo" mit einem „Albino". Durch weitere Selektion wurde die ursprüngliche Zeichnung stark verringert, teilweise bis auf zwei Querbänder, und die Grundfärbung von Gelblich in Orange verändert. Die verbleibenden Flecken sind braun statt schwarz.

„Patternless Albino": Bei dieser Variante handelt es sich um die Kreuzung „Albino" mit „Patternless". Hieraus entstehen zunächst Tiere, die heterozygot für „Albino" und „Patternless" sind. Aus derartigen Elterntieren lassen sich dann die „Patternless-Albinos" züchten. Interessanterweise gelingt dies einfacher mit „Albinos" der „Rainwater-Linie" als mit Exemplaren aus den anderen beiden „Albino"-Linien. Im Ergebnis erhält man dann zeichnungslose Tiere mit einer intensiven Gelbfärbung des Körpers und rosafarbenem Schwanz.

Patternless Albino Foto: F.W. Henkel

„Raptor" Foto: W. Schmidt

„Radar Bell Albinos": Eine der jüngsten Farbmorphen, über deren Ursprung unterschiedliche Versionen im Unlauf sind. Es handelt sich um intensiv orange gefärbte Tiere, bei denen die Kopfzeichnung meist aus wenigen großen Flecken besteht.

Sunglow Foto: F.W. Henkel

„RAPTOR" (Ruby Eyed Albino Patternless Tremper Orange): Bei dieser Farbmorphe handelt es sich um „APTORs" mit intensiv rubinrot gefärbten Augen.

„Sunglow": Bei dieser erstmals von Craig Stewart gezüchteten Farbmorphe handelt es sich um eine Kombination aus folgenden Merkmalen: „Albino", „Carrottail", „Tangerine" und „Hypomelanismus". Die Geckos weisen fast nur noch am Kopf oder idealerweise auch nur noch am Schwanz eine Flecken-

Sunglow Carrothead
Foto: W. Schmidt

zeichnung auf, kombiniert mit einer Tendenz zur „Tangerine"-Färbung und einem „Carrottail".

„Tremper Xanthic": Auch hierbei handelt es sich um eine weitere neue Farbmorphe aus dem Hause Tremper. Sie soll zufällig bei der Zucht von „Diablo Blanco" entstanden sein. Bei den Tieren handelt es sich um „Patternless Albinos" mit gelblichen Körpern, weißen Köpfen und weißen Schwänzen.

Nicht-„Albino"-Varianten

Im Folgenden sollen weitere Farbformen, Merkmale usw. vorgestellt werden, die ohne den Einfluss von „Albinos" gezüchtet wurden. Diese Merkmale sind zum größten Teil miteinander kombinierbar. Da auch hier laufend neue Varianten auf den Markt kommen, kann erneut nur ein kleiner Überblick gegeben werden.

„Patternless": Bei den sogenannten „Patternless" handelt es sich um eine ältere Farbmorphe, die

Juveniles Patternless-Exemplar Foto: W. Schmidt

Patternless Albino, juvenil Foto: F.W. Henkel

bereits seit 1991 gezüchtet wird. Irrtümlich wurden sie früher als „Leuzisten" bezeichnet – dies ist jedoch falsch, da das Wort „farblos" bedeutet und deshalb eigentlich eher auf die „Blizzards" zutrifft. Die Jungtiere dieser Variante weisen meist eine braune Flecken- oder Streifenzeichnung auf gelblichem, gräulichem bis bräunlichem Grund auf. Später färben sich die Geckos um und verlieren fast vollständig ihre Zeichnung. Der Schwanz kann teilweise orange gefärbt sein. Interessanterweise gibt es inzwischen unterschiedliche Zuchtlinien, und auch durch Variieren der Haltungsbedingungen und der Inkubationstemperatur lässt sich die Ausprägung der Färbung beeinflussen.

Blizzard Foto: W. Schmidt

„Blizzard": Seit etwa 1995 sind verschiedene Farbschläge von „Blizzard"-Leopardgeckos erhältlich. Normalerweise sind die Jungtiere weiß, cremeweiß bis leicht rosa und zeigen keinerlei Zeichnung. Erst mit zunehmendem Alter verändert sich die Färbung ein wenig, und die Farbpalette reicht dann von richtig Weiß bis Grau. In den vergangenen Jahren wurde durch Auswahlzucht versucht, möglichst dunkle Tiere zu erhal-

Gruppe juveniler Blizzard-Exemplare Foto: F.W. Henkel

ten. Interessanterweise scheinen bei niedrigen Temperaturen inkubierte Tiere deutlich dunkler zu werden als bei hohen Inkubationstemperaturen gezeitigte. Inzwischen werden einige Farbvarianten auch unterschiedlich bezeichnet.

„Midnight-Blizzard": Die Färbung von ausgewachsenen Tieren dieser Farbmorphe reicht von grau bis tiefschwarz.

„Banana-Blizzard": Es handelt sich um gelbliche Tiere, die bei der Kreuzung eines „Blizzards" mit einem „Patternless" in der 2. Filialgeneration entstehen können.

„Hypo" (Kurzform für Hypomelanistic): Diese Tiere sind gekennzeichnet durch einen Mangel an dem schwarzen Pigment Melanin, das aber noch vorhanden ist. Da dieser Mangel unterschiedlich stark ausgeprägt sein kann, spricht man erst von einem „Hypo", wenn der Gecko weniger als zehn kleine Punkte oder Flecken auf dem Körper aufweist. Diese Farbvariante tritt oft in Kombination mit anderen Eigenschaften auf, z. B. „High Yellow" oder „Tangerine".

Hypomelanistic Foto: W. Schmidt

Super Hypo Foto: F.W. Henkel

„Hypotangerine“: Kreuzung von „Hypo“ mit „Tangerine“-Eigenschaften. Bei derartigen Tieren geht die Grundfärbung ins Orange, bei gleichzeitig weniger als zehn schwarzen Punkten oder Flecken.

„Super Hypo“: Diese Tiere weisen keinerlei Flecken oder Punkte im Bereich des Körpers und nur wenige im Bereich des Kopfes auf. Auch hier ist wieder eine Kombination mit anderen Merkmalen wie beispielsweise „Tangerine“ möglich. Derartige Tiere heißen dann „Super Hypotangerine“.

„Black Velvet“: Sehr dunkle bis fast ganz schwarze Farbmorphe, deren Herkunft ungeklärt ist.

„Super Hypo Blady“: Diese Tiere weisen keinerlei Flecken oder Punkte im Bereich des Körpers und auf dem Kopf auf.

Black Velvet, juvenil Foto: L. Aronson

Striped Bell Foto: W. Schmidt

„Super Hypo Snows": Ausgewachsene Tiere dieser Variante zeigen eine überwiegende Graufärbung durchsetzt mit unregelmäßigen dunklen Punkten. Das ursprüngliche Zeichnungsmuster ist nur noch schemenhaft zu erkennen. Die Farbvariante soll aus Wildfängen herausgezüchtet worden sein.

„Jungle": Bei dieser Variante wurde durch gezielte Selektion die weitgehende Auflösung der Querbänderung erreicht. Die Geckos haben in der Regel eine kräftige schwarze Körperzeichnung auf gelbem Grund. Leider gibt es für diese Farbform verschiedene Namen. So werden Tiere, die eine ungleichmäßige Zeichnung nur auf dem Körper haben, auch als „Aberrant" bezeichnet, während Tiere, bei denen sich die ungleichmäßige Zeichnung bis auf den Schwanz zieht, „Jungle" heißen.

„Aberrant": Eigentlich Geckos der „Jungle"-Variante. Die Tiere besitzen jedoch eine unregelmäßige Zeichnung nur auf dem Rücken.

„Striped": Die Querbänder der Geckos haben sich vollständig aufgelöst, und die verbleibenden Punkte und Flecken sind zu Streifen verbunden, die entlang dem Körper verlaufen. Auch hier ist wieder eine Kombination mit anderen Merkmalen wie z. B. „Tangerine" möglich. Die Anzahl an Kombinationsmöglichkeiten ist enorm und kann hier nur beispielhaft dargestellt werden. Der Bezeichnung „Striped" werden oft noch die Farbe oder weitere Besonderheiten im Aussehen angehängt. Gerade bei den rot/orange gestreiften Exemplaren („Red striped") handelt es sich um wunderschöne Geckos.

„Red Striped": Diese Tiere zeigen rote, eigentlich eher dunkelorange, entlang dem Körper verlaufende Streifen.

„Light Phase Striped": Als „Light Phase Striped" werden Tiere mit weißem Streifen bezeichnet.

„Broken Reverse Striped": Sind die entlang dem Körper verlaufenden Streifen unterbrochen, so wird noch ein „Broken Reverse" vor das „Striped" gesetzt.

„Patternless Red Striped": Bei diesen Exemplaren wurden die Merkmale „Patternless", also ein fast vollständiger Verlust der Zeichnung, mit „Red Striped" kombiniert. Heraus-

Albino Tangerine Foto: W. Schmidt

Bell Sunglow Enigma Foto: W. Schmidt

Bell Tangerine Enigma Foto: W. Schmidt

Blazing Blizzard Foto: W. Schmidt

Bold Stripe Foto: F.W. Henkel

Eine neue Zuchtform von Emerine Raptor
Foto: F.W. Henkel

Red Eyed Enigma Foto: F.W. Henkel

Striped Snow Bell Enigma Foto: W. Schmidt

Urban Sunglow Foto: F.W. Henkel

Red Striped Foto: W. Schmidt

gekommen sind wunderschöne gelbe Leopardgeckos mit zwei leuchtend orange Längsstreifen, einer breiten cremefarbigen Mittellinie und einem oft überwiegend orange Schwanz.

„Tangerine Striped": Hier wurden die Merkmale „Striped" und „Tangerine" miteinander kombiniert. Entstanden sind gelblich orange Tiere mir zwei dunklen Längsstreifen und einer breiten gelben Mittellinie.

„Banded": Mit dieser Bezeichnung wird zum Ausdruck gebracht, dass es sich um Tiere mit einer sehr stark ausgeprägten Querbänderung handelt.

„Carrothead": Als „Carrothead" bezeichnet man Leopardgeckos, wenn ihr Kopf eine überwiegend orange Färbung aufweist.

„Carrottail": Hierunter versteht man die Eigenschaft, dass die Geckos einen zu mindes-

Banded Raptor Foto: F.W. Henkel

Hypo Carrottail Foto: W. Schmidt

tens 30 % orange gefärbten Schwanz besitzen.

„Eclipse" („Black-eyed Eclipse"): Hiermit wird das Merkmal „schwarze Augenfärbung" bezeichnet. Es entstand bei Züchtungen mit Tieren aus der „Albino-Tremper-Linie". Diese Eigenschaft ist heute häufig bei den sogenannten „Mack Super Snows" und den „Designer Tremper Eclipse" vertreten. Inzwischen sind in den USA Tiere mit verschiedenfarbigen Augen gezüchtet worden.

„Snake Eyes": Während die ersten Farbvarianten fast ausschließlich komplett schwarze Augen hatten, traten bei der weiteren Zucht sehr schnell Exemplare mit einem farblich zweigeteilten Auge auf. Bei ihnen ist die Vorder- oder auch die Rückseite des halben Auges schwarz gefärbt und die andere normal. Derartige Augenfärbungen findet man u. a. gelegentlich bei sogenannten „RAPTORs" und „Blizzards".

„Baldy": Diese Bezeichnung kennzeichnet Geckos, deren Kopf keinerlei Zeichnungselemente mehr aufweist.

„Lavender": Bei dieser Farbvariante handelt es sich um Geckos mit einer grau bis lila gefärbten Zeichnung, die anstelle der Querbänderung auftritt. Die Färbung ist leider häufig nur bei den Jungtieren vorhanden und verblasst mit zunehmendem Alter.

Snake Eye Foto: W. Schmidt

Snow Foto: W. Schmidt

„Pastel": Bei den sogenannten „Pastel"-Tieren handelt es sich um Exemplare mit einer gelblich blassen Färbung und relativ normaler Zeichnung. Häufig trifft man diese Eigenschaft kombiniert mit „Lavender" an. Der Kopf, der Schwanz und Teile des Rückens sind weiß oder grau, zum Teil auch lavendelfarbig.

„Mack Pastel": Hier handelt es sich um ein „Nebenprodukt" bei der Züchtung von „Mack Snows". Diese Tiere haben eine gelblich blasse Färbung im Vordergrund, die aussieht wie der Hintergrund eines „Mack Snows". Der Kopf, der Schwanz und Teile des Rückens sind weiß oder grau/lavendel und in der Färbung ganz anders als die eines „Tangerine" oder „High Yellows".

„Snow" („Line Bred Snow"): Zahlreiche Züchter versuchten, durch Selektion Tiere ohne gelben Farbanteil zu erhalten, was jedoch nur sehr begrenzt gelungen ist. Die Tiere sind in der Regel schwarz-weiß gefärbt, zeigen aber häufig noch Reste oder Spuren einer gelblichen Färbung.

„Mack Snow": Das mutierte Gen, das für diese Farbmorphe verantwortlich ist, trat zum ersten Mal 2004 bei John Mack in Erscheinung, nach dem diese Form benannt wurde. Die Geckos sind in der Regel schwarz-weiß gefärbt, besitzen aber meist noch gelbe Pigmente und entsprechen von der Zeichnung her den Wildformen. Die Augenfärbung ist normal.

Hypo Mack Snow Foto: W. Schmidt

Snow Bell Enigma Foto: W. Schmidt

Snow Bell Foto: W. Schmidt

Snow (Line Bred Snow)
Foto: W. Schmidt

High Yellow Foto: W. Schmidt

„Mack Super Snow": Diese Variante ist eine Weiterzüchtung des „Mack Snow". Sie entsteht bei der Verpaarung von zwei „Mack Snow"-Elterntieren mit einer Wahrscheinlichkeit von 25 %. Die Tiere sind rein weiß und zeigen eine Zeichnung aus schwarzen Punkten, die sich gleichmäßig über Kopf, Rücken und Schwanz verteilt. Des Weiteren besitzen sie komplett schwarze „Eclipse"-Augen. Dieses Merkmal führte bereits durch Kreuzungen mit Linien zu zahlreichen neuen Farbvarianten.

„Mack Snow Tremper Albinos": Hier wurden die Merkmale „Mack Snow" und „Albino-Tremper-Linie" miteinander kombiniert. Herausgekommen sind sehr helle Tiere mit einer nicht ganz klaren Zeichnung. Es hat den Anschein, als befänden sich diese Geckos kurz vor der Häutung.

„Mack Super Snow Blizzard": Bei diesen Exemplaren wurden die Merkmale „Blizzard", also vollständiger Verlust der Färbung, mit „Mack Super Snow" kombiniert. Herausgekommen sind sehr helle weiße, cremeweiße bis gräuliche Tiere.

„High Yellow" (auch „Hyperxantisch" oder „Golden"): Vermutlich handelt es sich hierbei um eine der ältesten durch Selektion erzielten Farbmorphen. Die Geckos zeigen einen erhöhten kräftigen Gelbanteil. Im Laufe der weiteren

Zucht wurde die Anzahl der dunklen Flecken in der Zeichnung deutlich reduziert. Heute sollten sie an den Beinen keine oder nur noch sehr wenige Streifen bzw. Flecken aufweisen.

„Tangerine": Hierunter versteht man eine Farbvariante, die auch in der Natur gelegentlich vorkommt. Die Tiere weisen eine teilweise orange Grundfarbe mit normaler Zeichnung auf. Durch Weiterzüchtungen konnte das Orange zu einem kräftigen „Mandarin"-Farbton gesteigert werden. Auch dieses Merkmal wurde mit zahlreichen anderen kombiniert.

„Tangerine Tornados": Hierbei handelt es sich um eine spezielle Weiterzüchtung von Craig Steward. Diese zeichnen sich durch eine besonders intensive Färbung mit teilweise leichtem Rotanteil aus.

„Tangelos": Bei „Tangelos" handelt es sich um eine spezielle Weiterzüchtung der „Tangerine" aus dem Hause Tremper. Die sehr kompakten Tiere besitzen wieder einen gewissen Rotanteil und eine variable Zeichnung.

Einige Farbzüchtungen sind immer noch sehr teuer. Foto: F.W. Henkel

„Ghost": Die Bezeichnung „Ghost" steht für die genetisch bedingte Eigenschaft, dass die anfängliche Färbung mit zunehmendem Alter

Tangerine Foto: W. Schmidt

Jungle Bell Albino, semiadult Foto: F.W. Henkel

Snow Enigma het Bell Foto: F.W. Henkel

Super Snow Bell Foto: F.W. Henkel

Tremper Giant Foto: F.W. Henkel

Mack Co-dom Snow Foto: F.W. Henkel

Diablo Blanco Foto: W. Schmidt

Bell Sunglow Enigma Foto: W. Schmidt

Stripe het Bell Foto: F.W. Henkel

Tremper Sunglow Foto: F.W. Henkel

Enigma Foto: F.W. Henkel

verblasst. Diese Bezeichnung kann folglich zu jeder Farb- oder Zeichnungsvariante hinzugefügt werden, wenn die Tiere die genetische Eigenschaft besitzen. Daher lässt sich diese Farbmorphe bei Jungtieren nicht eindeutig bestimmen.

„Mack Snow Ghost“: Diese Farbvariante sei als Beispiel für die zahlreichen „Ghost“-Varianten aufgeführt. Sie entsteht bei der Kreuzung eines „Mack Snow“ mit einem „Ghost“.

„Designer“: Dies ist eine Art Sammelbezeichnung für Tiere, bei denen sich die normale Färbung auflöst und dadurch eine unregelmäßige Körperzeichnung entsteht. Einige Tiere besitzen an den Seiten jeweils eine rötliche Längslinie.

„Enigma“: Hinter dem Begriff „Enigma“ verbirgt sich eine Zuchtform von Mark Bell, die erstmals 2006 auf dem Markt angeboten wurde. Sie entstand bei der Kreuzung von Tieren

Bell Enigma Foto: W. Schmidt

aus den Farbvarianten „Hypo“ oder „Super Hypo“ mit Exemplaren der „Albino-Bell-Linie“. Frisch geschlüpfte Jungtiere besitzen einen weißen, leicht gräulichen Kopf und einen weißen Schwanz. Auch adulte Tiere zeigen eine deutlich reduzierte Zeichnung am Schwanz und auf dem Kopf. Die Färbung des Körpers ist häufig recht hell mit deutlich reduzierter Zeichnung, ähnlich einem „Hypo“ oder „Super Hypo“. Die Färbung der Augen kann

Giant het Raptor Foto: W. Schmidt

recht unterschiedlich sein, von der Wildform entsprechend über orange bis hellrot. Da diese Farbvariante sich leicht mit anderen Merkmalen kombinieren lässt, existieren schon die unterschiedlichsten „Enigma"-Farbmorphen.

„Red Eyed Enigmas": Durch Weiterzüchtung von normalen „Enigma" wurden Exemplare mit kräftig roten Augen erzielt.

„Emerald": Diese Farbvariante stammt aus dem Hause Tremper und ist gekennzeichnet von grünen Farbpartien auf dem Körper der Geckos. Dieses Merkmal wurde inzwischen schon mit zahlreichen anderen kombiniert: Bei „Emerine" handelt es sich um eine Kreuzung der Merkmale „Emerald" und „Tangerine", bei „Lavender Emerine" um „Emerald" mit „Tangerine" und „Lavender" usw.

„Giant": Mit „Giant" wird keine Farbvariante bezeichnet, sondern eine vergrößerte Körperlänge und -masse. Diese Tiere sind schwerer und größer als andere Leopardgeckos. Die Männchen erreichen in der Regel ein Gewicht von 80–120 g, die Weibchen von 60–90 g. Auch dieses Merkmal lässt sich wieder zahlreich kombinieren.

„Super Giant": „Super Giants" stammen ebenso wie die normalen „Giants" wieder aus dem Hause Tremper. Sie zeichnen sich dadurch aus, dass sie noch größer werden. Ihre Weibchen erreichen ein Gewicht von 100 g und mehr, die Männchen bis etwa 150 g. Der berühmteste „Super Giant"-Leopardgecko war „Moose", ein männlicher „Super Giant Albino". Das Tier stellt mit einem Gewicht von 156 g bei einer Größe von 28,26 cm den vermutlich größten bisher bekannten Leopardgecko dar. Nach Vosjoli et al. (2005) stammte „Moose" von folgenden Tieren ab: Bei dem Großvater soll es sich um eine sehr große Nachzucht von Wildfängen gehandelt haben, vermutliche eine Spontanmutation, und bei der Großmutter um

Super Snow Bell Enigma Foto: W. Schmidt

einen normalen Albino. Die Eltern waren dann recht große Nachkommen dieser beiden.

„Super": Auch hinter dieser Vorsilbe verbirgt sich keine Farbvariante, sondern eine Angabe zur Vererbung eines Merkmals. Das Wort „Super" wird der Bezeichnung einer einzelnen Farbmorphe immer dann vorangestellt, wenn es sich bei dem Merkmal um ein solches handelt, das von einem codominanten Gen bestimmt wird, sodass das Tier zwei „Kopien" dieses Gens in sich trägt.

Super Snow, juvenil Foto: W. Schmidt

Tremper Enigma het Raptor Foto: F.W. Henkel

Krankheiten

von Tierarzt Kornelis Biron

Leopardgeckos können wie alle Wirbeltiere an einer Vielzahl von Krankheiten leiden. Diese können sowohl infektiöser als auch nichtinfektiöser Natur sein. Häufig sind es jedoch Haltungsfehler, die zu Erkrankungen führen. Neben der möglichst optimalen Haltung ist es wichtig, die pathologischen (krankhaften) Veränderungen rechtzeitig zu erkennen, sodass, nötigenfalls unter Hinzuziehung tierärztlicher Hilfe, die Gesundheit des Tieres wiederhergestellt werden kann.

Kranke oder krank erscheinende Tiere sollten meistens separiert werden, da nicht selten Stress und Unverträglichkeiten der Geckos untereinander zu einer Minderversorgung eines Tieres mit Wärme und Nahrung sowie einem geschwächten Immunsystem führt. Insbesondere die gemeinsame Haltung zweier Männchen muss hundertprozentig ausgeschlossen sein.

Im Folgenden sollen nun einige häufige Krankheiten, die bei Leopardgeckos auftreten können, dargestellt werden. Keinesfalls kann dies jedoch eine Diagnose- oder gar eine Therapieanleitung darstellen. Auch ist dies lediglich eine Aufstellung einer kleinen Aus-

Besonders bei Jungtieren können durch falsche Fütterungsgewohnheiten leicht ernährungsbedingte Krankheiten ausgelöst werden. Damit die kleinen Leopardgeckos so prächtig heranwachsen wie dieses Exemplar, sind optimale Haltungsbedingungen wichtig. Foto: W. Schmidt

wahl häufiger Symptome und Erkrankungen, über die man als Halter jedoch informiert sein sollte, um deren Auftreten vermeiden zu können. Es gibt unzählige weitere infektiöse und nichtinfektiöse Krankheiten, an denen ein Leopardgecko leiden kann. Im Zweifelsfall sollte immer ein mit Reptilien erfahrener Tierarzt konsultiert werden. In Deutschland sind die im Bereich der Reptilienmedizin engagierten Tierärzte in der Arbeitsgemeinschaft für Amphibien- und Reptilienkrankheiten (AG ARK) der Deutschen Gesellschaft für Herpetologie und Terrarienkunde (DGHT) organisiert (www.agark.de).

Die Gabe von „Vitamin- oder Aufbauspritzen“ und Antibiotika ohne sichere Diagnosestellung durch mit Reptilien unerfahrene Tierärzte sollte vermieden werden.

Achtung: In manchen Zoofachgeschäften wird gelegentlich eine „medizinische“ Versorgung angeboten. Diese beruht normalerweise auf keinerlei Ausbildung oder Fachkenntnis und stellt in den meisten Fällen einen Verstoß gegen das Tierschutzgesetz oder auch das Arzneimittelgesetz dar! Auch wenn frei verkäufliche Arzneimittel angewendet werden (z. B. pflanzliche Mittel „gegen Wurmbefall“), ist dies nicht der Gesundheit der Tiere zuträglich, da diese meist keinerlei positive, sondern eher schädliche Wirkung haben. Weder Diagnostik noch Therapie können in Zoogeschäften fachgerecht durchgeführt werden. Durch die Verzögerung einer tierärztlichen Untersuchung können Krankheiten, die rechtzeitig hätten entdeckt und medizinisch behandelt werden können, zu schweren bis fatalen Folgen für das Tier führen. Ein verantwortungsbewusster Zoofachhändler wird stets die Untersuchung durch einen Tierarzt anraten.

Zoonosen – Gefahr für den Menschen?

Vom Tier auf den Menschen übertragbare Erkrankungen nennt man Zoonosen. Im Allgemeinen kann man sagen, dass Leopardgeckos über ein sehr geringes zoonotisches Potenzial verfügen, dass also von ihnen kaum Gefahren für den Menschen ausgehen, sofern gewisse Hygienegrundregeln eingehalten werden. Das Wichtigste ist hier ein gründliches Waschen der Hände nach dem Kontakt mit den Tieren oder Tierkot. Löffel, mit denen Kot aus dem Terrarium entfernt wird, sollten nicht auf den Küchentisch gelegt werden etc.

Während die meisten Geckoparasiten nicht den Menschen befallen können, besteht die Möglichkeit, dass Bakterien oder Pilze von einem Gecko einen Menschen infizieren können. Für einen gesunden Menschen mit intaktem Immunsystem ist es jedoch höchst unwahrscheinlich, gesundheitliche Schäden durch Geckos zu erleiden.

Das richtige Klima ist Grundvoraussetzung für die Gesundheit von Leopardgeckos.
Foto: K. Kunz

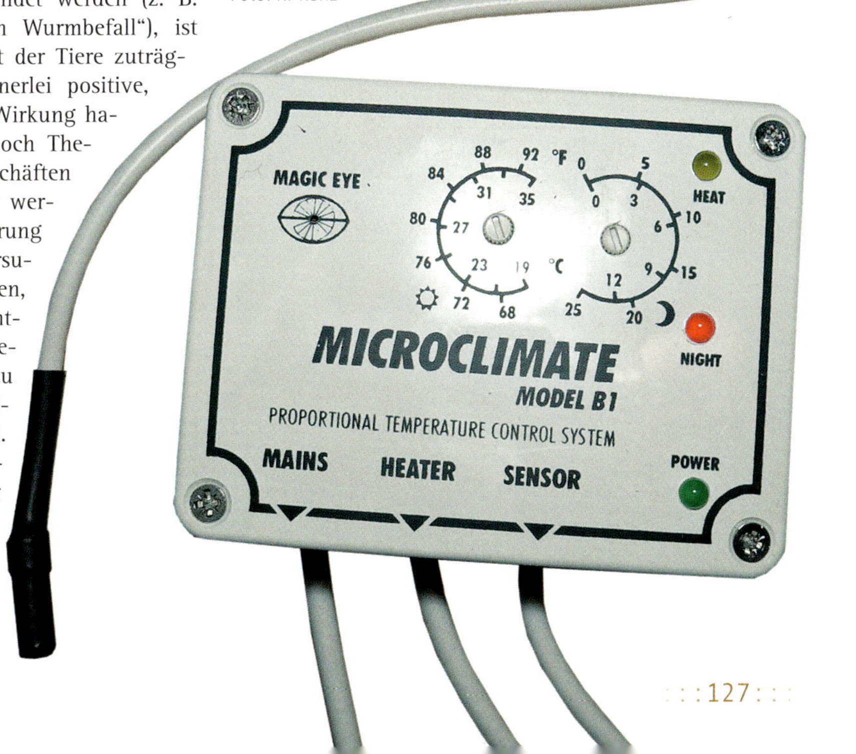

Neuzugänge sollten zunächst in Quarantäne gehalten werden. Foto: W. Schmidt

Quarantäne

Der Begriff Quarantäne beschreibt die Isolierung von Individuen für eine bestimmte Zeit (Französisch: *quarantaine de jours* = vierzig Tage) zur Verhinderung der Ausbreitung von Krankheiten.

Jeder Neuzugang sollte, bevor er in ein fertig eingerichtetes Terrarium gesetzt wird, quarantänisiert, also einzeln „steril" in einem leicht zu reinigenden Behältnis untergebracht werden. Hierdurch kann das Tier einige Zeit beobachtet und eventuelle Auffälligkeiten können besser festgestellt werden. Kot kann leicht gefunden und dem entsprechenden Tier zugeordnet werden. Dieser sollte untersucht und das Tier daraufhin gegebenenfalls behandelt werden. Dies schützt nicht nur andere zu vergesellschaftende Tiere vor einer Infektion, sondern erleichtert auch die Hygiene bei einer eventuellen Behandlung. Vor allem erspart es die arbeitsreiche Komplettreinigung eines bereits eingerichteten Terrariums, nachdem erst später ein Parasitenbefall festgestellt worden ist. Zur Quarantänehaltung eignet sich ein leeres Terrarium mit einer leicht zu wechselnden Unterlage als Bodengrund (z. B. Zeitungspapier, Küchentücher o. Ä.), auswechselbare Versteckmöglichkeiten (z. B. kleine Pappschachteln, leere Toilettenpapierrollen oder gut zu reinigende Keramikschalen) sowie ein täglich zu reinigendes oder auswechselbares Trinkwassergefäß (z. B. Petrischalen oder Gläserdeckel). Selbstverständlich muss auch für die notwendige Temperatur gesorgt werden. Für entsprechende Feuchtigkeit, insbesondere für Tiere in der Häutung, kann durch feuchte Taschentücher und ein Sprühen in die

Verstecke gesorgt werden. Ein gelegentliches Baden der Tier kann hier nützlich sein, zumal es sich bei einer behandlungsbedingten Quarantäne oft anbietet, die Kloaken- und Schwanzregion, eventuell unter vorsichtiger Zuhilfenahme einer ganz weichen Zahnbüste, zu reinigen, da sich in feinen Kotresten auch noch Parasitenstadien verstecken können.

Bei eiertragenden Weibchen, die kurz vor der Eiablage stehen, sollte eine Legebox mit einem feuchten Erde-Sand-Gemisch o. Ä. zur Verfügung stehen. Dies geht zwar auf Kosten der Hygiene, beugt aber einer Legenot vor.

Es gibt keine Richtlinien für die Dauer einer Quarantäne. Manche Krankheiten können auch erst nach vielen Monaten erkennbar werden, so lange möchte man aber meist nicht warten, den Tieren die volle Einrichtung zur Verfügung zu stellen. Je länger die Quarantäne jedoch dauert, umso sicherer kann man von der Gesundheit der Tiere ausgehen.

Terrarienhygiene, Reinigung und Desinfektion

Da Leopardgeckos den Kot meist in nur einer Ecke des Terrariums absetzen, ist die Entfernung desselben sehr pflegerfreundlich. Dies sollte geschehen, sobald er entdeckt wird. Für jedes Terrarium sollte dafür ein eigenes Set aus Löffel und Glas verwendet werden, um ein Verbreiten eventueller Krankheitserreger zu vermeiden. Auch empfiehlt es sich, den Bodengrund an dieser Stelle des Terrariums häufiger auszuwechseln.

Neben dem regelmäßigen Entfernen von Kot, Futterresten und anderen Verunreinigungen sollte das Terrarium gelegentlich auch komplett gereinigt werden. Dies ist auch immer ein guter Zeitpunkt für eine Kotuntersuchung. Wird nämlich ein Parasitenbefall festgestellt, muss das Becken ohnehin gereinigt werden, in diesem Fall sogar intensiv, um die Gefahr einer Reinfektion (Wiederansteckung) nach der Behandlung zu verringern.

Am wichtigsten ist die Grundreinigung, also das vollständige Entleeren des Terrariums bis auf das letzte Sandkorn sowie das Abwaschen von Staub und anderen Verunreinigungen. Hierfür können haushaltsübliche Spül- und Putzmittel verwendet werden. Alkohol (Isopropanol 70 %) und andere Desinfektionsmittel sind ebenfalls nützlich, um zu desinfizieren und Schmutz zu lösen; die meisten Wurmeier und Einzeller-Oozysten werden hierdurch jedoch nicht zerstört und bleiben infektiös. Nur selten (z. B. bei einer Kryptosporidieninfektion) empfiehlt sich die Verwendung von (z. B. kresolhaltigen) Desinfektionsmitteln, die auch diese widerstandsfähigen Parasitenstadien zerstören können, da die Anwendung Gesundheitsrisiken birgt und sehr aufwändig ist. Bei der Verwendung von Desinfektionsmitteln gilt immer, dass sie nur saubere und trockene Flächen desinfizieren können, die sie auch erreichen. Das Einsprühen einer Korkröhre ist genauso wirkungslos wie das Übergießen mit heißem Wasser. In jedem Fall eines Einsatzes anderer Reinigungsmittel außer Wasser muss das Terrarium nachher gründlich ausgespült werden. Leopardgeckos können sehr empfindlich auf Reinigungsmittel reagieren und dürfen auch nicht mit minimalen Rückständen Kontakt haben. Die Verwendung von speziellen Reinigern für die Terraristik ist nicht notwendig, da auch diese nicht ungefährlich für Reptilien sind und/oder keinerlei Wirkung auf eventuelle Erreger zeigen.

Während kleinere und hitzebeständige Einrichtungsgegenstände auch im Backofen sterilisiert werden können (z. B. 150 °C für 90 Minuten), stellt insbesondere die Reinigung von großen Ästen oder Rückwänden häufig ein Problem dar. Steht eine Sauna zur Verfügung, können darin auch große Gegenstände und ganze Terrarien weitestgehend steril gemacht werden. Auch die Bearbeitung mit einem guten Dampfreiniger oder einem Heißluftfön können hier helfen. Bei jeglicher Anwendung von Hitze ist jedoch die Gefahr geplatzter Scheiben durch zu schnelle Temperaturwechsel zu berücksichtigen.

Kotuntersuchung und Probenversand

Leopardgeckos setzen abhängig von der Nahrungsaufnahme regelmäßig Kot ab. Daran befindet sich meist ein kleinerer weißlich bis gelber Anteil, der jedoch nicht aus dem Darm kommt, sondern aus Harnsäure (Urat) besteht, also ein Abfallprodukt des Eiweißstoffwechsels ist und über die Nieren ausgeschieden wird. Dieser ist für eine Untersuchung ungeeignet, lediglich die mit ausgeschiedene Flüssigkeit kann umgehend auf bestimmte Einzeller untersucht werden.

Es empfiehlt sich, regelmäßig mikroskopische Kotuntersuchungen durchführen zu lassen, um einen mit dem bloßen Auge nicht erkennbaren Parasitenbefall bei scheinbar gesunden Tieren aufzudecken. Dies sollte insbesondere bei Neuzugängen geschehen, wie auch rechtzeitig vor Beginn der Winterruhe und vor allem dann, wenn das Tier Durchfall oder andere Krankheitszeichen zeigt. Hierfür sollte eine frische Kotprobe durch einen darin erfahrenen Tierarzt untersucht werden. Die mikroskopische Untersuchung von Kot durch Halter oder Zoofachhändler ist sicher eine Bereicherung für das Hobby, diagnostisch jedoch unzuverlässig und nicht verwertbar, da eine ausreichende Fachkenntnis nicht nur der häufigen Wurmeier, sondern insbesondere seltenerer Parasiten und Pseudoparasiten (Strukturen, die mit Parasitenstadien verwechselt werden könnten) nötig ist, um das Tier vor Fehlbehandlungen und dem Übersehen eventueller pathogener (krankmachender) Infektionen zu schützen.

Für eine verlässliche Kotuntersuchung ist eine ausreichende Menge Kot (linsen- bis erbsengroß) vonnöten. Hierbei ist darauf zu achten, dass es sich wirklich um Kot handelt und nicht um getrocknete Harnsäure oder Sand. Für viele Parasiten können auch Proben mehrerer Tage vermengt werden und als Sammelprobe untersucht werden. Da manche bei Leopardgeckos häufig zu schweren Erkrankungen führenden Parasiten (wie z. B. Flagellaten) nur sehr schwer in trockenen Proben entdeckt werden können, ist es aber oft sinnvoll, den Kot kurze Zeit nach dem Absetzen sofort, ohne Postweg, untersuchen zu lassen. Im Idealfall wird eine Probe direkt in der tierärztlichen Praxis abgesetzt oder durch einen Einlauf gewonnen und direkt untersucht. Blasen-, Darm- und Kloakenspülungen können auch bei Tieren, die keinen Kot absetzten Untersuchungsmaterial zu Tage bringen. Dies sollte jedoch unbedingt nur durch einen darin erfahrenen Tierarzt durch-

Jungtiere von *Eublepharis macularius*
Foto: F.W. Henkel

geführt werden. Auch ein warmes Bad alleine hilft schon oft, frischen Kot zu gewinnen.

Das Ergebnis einer Kotuntersuchung ist nur im positiven Fall (also im Fall des Auffindens von Parasiten) hundertprozentig sicher. Nicht alle Parasitenstadien werden ständig in gleicher Menge ausgeschieden, und nicht in jeder Probe kann man alle Parasiten finden, die den Wirt gerade besiedeln. Eine wiederholte Untersuchung, auch zur Kontrolle eines Behandlungserfolges, ist immer sinnvoll.

Zum Transport einer Kotprobe eignen sich kleine, dicht schließende Kunststoff- oder Glasgefäße. Hier kann die Probe feucht gehalten werden, ohne dass Wasser hinzugefügt wird, welches meistens zu einer zu starken Verdünnung führt.

Die Verwendung von Papier oder anderem saugfähigen Material führt zu einem unerwünschten Austrocknen der Probe. Für einen Versand eignet sich ein gepolsterter Umschlag, da die Probe ansonsten auf dem Postweg verloren gehen oder zerstört werden kann. Für die Untersuchung stehen viele Tierarztpraxen und Labors zu Verfügung (siehe Anhang).

Im Allgemeinen wird nach einer grobsinnlichen Untersuchung (Konsistenz, Geruch, Anteil unverdauter Nahrungsreste oder Sand etc.) eine einfache mikroskopische Untersuchung des Kotes nativ (unverändert) und nach einer Flotation oder Sedimentation durchgeführt. Für das Auffinden mancher bestimmter Parasiten müssen spezielle Färbungen durchgeführt werden (siehe unten).

Die etwas kostspieligere bakteriologische und mykologische Untersuchung von Kot mittels Abstrich ist nur bei klinisch auffälliger Symptomatik sinnvoll. Bei gesunden Tieren hat diese keine Aussagekraft. Ebenso ist es auch nicht nötig, festzustellen zu versuchen, ob Tiere Salmonellenträger sind oder nicht, da ein negativer Befund hier keinen Salmonellenbefall ausschließt und ein positiver Befund ohne Symptomatik keine Behandlung nach sich ziehen sollte.

Vitamine und Mineralstoffe

Da die Fütterung mit der geringen Auswahl der in der Terraristik zur Verfügung stehenden Futterinsekten zwangsläufig zu einer Unterversorgung mit Mineralstoffen und Vitaminen führen würde, sollte das Futter aufgewertet werden. Hierzu können die Tiere mit einem hochwertigen Vitamin- und Mineralstoffpräparat bestäubt oder gefüttert werden („gutloading"). Die Verabreichung über das Trinkwasser ist weniger sinnvoll, da die Tiere so wegen des veränderten Geschmacks eventuell weniger trinken und die Vitamine schneller zerstört werden. Tierärztlich empfohlen wird „Korvimin ZVT + Reptil", das im Zoofachhandel allerdings normalerweise nicht erhältlich ist, sondern beim Tierarzt. Die meisten handelsüblichen Vitaminpräparate sind leider nur unzureichend konzentriert.

Auch wenn diese Pulver stets einen hohen Kalziumanteil haben, reicht dieser nicht aus, um die Tiere ausreichend zu versorgen. Die

Foto: K. Kunz

günstigste und beste Methode ist das Anbieten von zerstoßenem Sepiaschulp in einer Schale (damit kein Bodengrund mit aufgenommen wird); Eierschalen werden oft schlecht verdaut.

Zwangsfütterung

Geckos können aus unterschiedlichen Gründen die Nahrungsaufnahme verweigern (Inappetenz oder Anorexie). Auf der einen Seite kann dies saisonal bedingt sein (Winterruhe) oder bei eiertragenden Weibchen kurz vor der Eiablage durch mangelnden Platz im Bauch. Auch Stress (z. B. zwei männliche Tiere im Terrarium) kann zu einem Einstellen der Nahrungsaufnahme führen. Andererseits gibt es auch viele pathologische (krankheitsbedingte) Ursachen, die eine Inappetenz verursachen können, eine bakterielle Infektion des Magen-Darm-Traktes oder der Atemwege oder Parasitosen beispielsweise. In keinem Fall sollte hier ohne vorhergehende Untersuchung eine Zwangsernährung eingeleitet werden. Da der Gecko nicht frisst, weil er krank ist, muss er also von der Krankheit geheilt werden, damit er die Nahrungsaufnahme wieder aufnimmt. Während der Behandlungszeit ist es nur in den seltensten Fällen und bei starkem Gewichtsverlust notwendig oder sinnvoll, das Tier zu ernähren. Dies sollte im besten Fall mit einer leichtverdaulichen Flüssignahrung (z. B. „Bioserin") geschehen. Insbesondere von der gutgemeinten Gabe von Larven (Wachsmaden etc.) ist abzusehen, da die Verdauung von diesen eine weitere Belastung für den Körper darstellt. Vor allem eine Verstopfung (siehe unten) würde durch eine Zwangsernährung nur verschlimmert.

Lediglich schlecht fressende Leopardgeckos können zum Fressen angeregt werden, wenn ihnen ein zerquetschtes Futtertier (z. B. Grille) in das geöffnete Maul gelegt wird. Angeregt durch den Geschmack und mit etwas Glück wird der Gecko das Futter herunterschlucken, anstatt es wieder auszuspucken. Wird ein Nahrungsbrei zur Ernährung schwacher Tiere verwendet, ist darauf zu achten, dass sich keine Reste davon am Gecko selbst befinden, da dies ein Anfressen des geschwächten Tieres durch eventuell übersehene Futtertiere begünstigen könnte.

Sinnvoll ist es, alle Tiere regelmäßig zu wiegen und darüber Buch zu führen, um einen eventuellen stetigen Gewichtsverlust feststellen zu können, woraufhin das Tier und sein Kot untersucht werden sollten.

Medikamenteneingabe

Wenn es einmal nötig ist (nach tierärztlicher Anweisung), einem Leopardgecko Medikamente oral (ins Maul) einzugeben, geschieht dies am besten mit Hilfe einer weiteren Person. Während einer vorsichtig, aber mit sicherem Griff den Gecko in der geschlossenen Hand festhält (ohne den Schwanz dabei zu fixieren, um ein Abwerfen desselben zu vermeiden), kann der andere sich alleine um die Eingabe des Medikamentes kümmern. Sollte der Gecko das Maul nicht ohnehin aufreißen, wird es meist bei Berührung des Unterkiefers an beiden Seiten reflektorisch geöffnet. Dann kann beispielsweise eine 1-ml-Spritze vorsichtig in den Schlund des Tieres eingeführt werden. So wird bei langsamer Eingabe ein Ausspucken vermieden, ebenso wie ein Verschlucken, da die Öffnung der Trachea (Luftröhre) direkt hinter der Zunge liegt. Ein unangenehmer Würgereflex wird, anders als beim Menschen, nicht ausgelöst, sodass ein vorsichtiges tiefes Einführen einer stumpfen Kunststoffspritze unbedenklich ist. Auf die Verwendung weicher Schläuche oder kurzer Aufsätze, die verschluckt werden können, sollte verzichtet werden, ebenso wie auf Hilfsmittel aus Metall, da dies beim eventuellen Zubeißen unangenehm für das Tier sein und mit Verletzungen einhergehen kann.

Manche Lösungen können auch oral verabreicht werden, indem dem Gecko ein Tropfen auf die Lippen getropft wird. Nach kurzer Zeit wird er diesen ablecken und weiterlecken, sofern weitere Tropfen aufgeträufelt werden. Dies funktioniert mit wohlschmeckenden Flüssigkeiten (z. B. Kalziumglukonat-Lösung) selbstverständlich besser als mit bitteren Arzneimitteln, die aber meist zur Verbesserung der Akzeptanz mit einer geringen Menge Zuckerwasser verdünnt werden können.

Euthanasie

Die Euthanasie ist das Töten eines Tieres, um es von nicht heilbaren Leiden zu erlösen (griechisch: ευ = leicht/gut, θάνατος = der Tod). Nur ein Tierarzt kann die Entscheidung hierzu fällen, und das Tierschutzgesetz schreibt vor, dass auch nur dieser die Tötung durchführen darf.

Das Töten eines Reptils durch Einfrieren, auch bei langsamer Abkühlung, ist, anders als häufig von Laien angenommen, keineswegs schmerzlos und stellt einen groben Verstoß gegen das Tierschutzgesetz dar!

Auszug aus der Stellungnahme der Arbeitsgemeinschaft Amphibien- und Reptilienkrankheiten der DGHT (www.agark.de/veroeffentlichungen/euthanasie.doc):

Tierschutzgesetz §4, Satz 1

Ein Wirbeltier darf nur unter Betäubung oder sonst, soweit nach den gegebenen Umständen zumutbar, nur unter Vermeidung von Schmerzen getötet werden ... Ein Wirbeltier töten darf nur, wer die dazu notwendigen Kenntnisse und Fähigkeiten hat.

Tierschutzgesetz §5, Satz 1

... Die Betäubung warmblütiger Wirbeltiere sowie von Amphibien und Reptilien ist von einem Tierarzt vorzunehmen.
Die oben beschriebenen Voraussetzungen sind bei einem Tierhalter nicht gegeben, eine Tötung durch den Tierhalter ist deshalb nicht zulässig. Im Notfall (z. B. Trauma, Unfall, plötzliche massive Verschlechterung einer Grunderkrankung) ist eine Tierärztliche Klinik oder Praxis mit Notdienst zu erreichen, die das Reptil einschläfert. Auch für einen Zoofachhändler oder Großhändler gelten grundsätzlich die gleichen Voraussetzungen wie für einen Tierhalter. Nach der derzeitigen Ausbildung im Zoofachhandel liegt bei einem Zoofachhändler keine Sachkunde für das Töten von Wirbeltieren vor. Eine Tötung muss unter Betäubung erfolgen. Eine medikamentelle Betäubung darf ein Zoofachhändler ebenso wie ein Tierhalter nicht vornehmen.

Porträt eines „Super Snow" mit gespaltener Zunge Foto: W. Schmidt

Sektionen

Verstirbt ein Tier oder wird es eingeschläfert, so kann eine Sektion wertvolle Informationen über die Krankheit geben. Dies ist insbesondere dann sinnvoll, wenn es weitere Tiere im Bestand gibt und die Diagnose nicht sicher ist. Hierfür darf der Tierkörper nicht eingefroren werden, sondern sollte umgehend gekühlt und vom Tierarzt oder direkt an ein auf die Untersuchung von Reptilien spezialisiertes Institut geschickt werden (siehe Anhang).

Anatomie

Da auf den Körperbau an anderer Stelle in diesem Buch eingegangen wird, sollen hier nur einige medizinisch relevante Merkmale hervorgehoben werden. Die Anatomie von Leopardgeckos entspricht der vieler anderer Echsen. Anders als die meisten anderen Geckos besitzen diese Lidgeckos keine Haftlamellen, sondern lediglich Krallen an den Zehen. Sie besitzen zwar die namensgebenden Augenlider (griechisch: βλέφαρο = das Augenlid), können aber die Augen selbst auch mit ihrer Zunge erreichen und reinigen. Die Zungenspitze ist beim gesunden Leopardgecko stark durchblutet und dunkler als der Rest der Zunge, dies deutet also nicht, wie oft angenommen, auf eine Entzündung in diesem Bereich hin.

Leopardgeckos besitzen eine empfindliche, filigrane Haut, die gemeinsam mit einer dünnen Muskelschicht einen Blick auf einige der inneren Organe erlaubt. Die Leibeshöhle ist nicht durch ein Zwerchfell in Bauch- und Brusthöhle unterteilt. Hinter den Lungen ist in der rechten Körperhälfte die Leber erkennbar, an der sich als dunkle, linsengroße Struktur die Gallenblase abzeichnet. Auf der anderen Seite ist bei entsprechender Füllung der Darm zu erkennen. Getrennt werden die beiden Seiten durch ein mittig verlaufendes großes Blutgefäß, die Abdominalvene, die sich im Bereich des Nabels aufteilt. Diese beiden Äste ziehen in Richtung der Hintergliedmaßen über die beiden Fettkörper hinweg, zwischen denen oft eine gefüllte Harnblase zu erkennen ist. Die Fettkörper sind typisch für Reptilien, da diese Fett üblicherweise nicht unter der Haut speichern. Kranial (in Richtung Kopf) dieser Fettkörper kann man bei Weibchen während der Fortpflanzungszeit beidseits Follikel bzw. Eier und deren Entwicklungsstadium erkennen. Diese sorgen durch die Umfangsvermehrung oft für eine Verschiebung des Verlaufes der Abdominalvene. Ansonsten sollte jegliche auffällige Veränderung dieser sichtbaren Anordnung der Organe vorsichtshalber tierärztlich untersucht werden, da sie auf ein schwerwiegendes Problem hindeuten kann.

Für Reptilien typisch besitzen Leopardgeckos eine Kloake, in die die Harnwege, die Blase, der Darm und die Legedärme münden. Durch den Kloakenspalt tritt zur Kopulation auch der doppelt vorhandene Hemipenis aus, der als paarige Beule sonst im Schwanzwurzelbereich zu erkennen ist. Die Hoden liegen innerhalb der Bauchhöhle.

Übersicht einiger häufiger Symptome und Erkrankungen

Bedeutung der Zeichen in dieser Übersicht

Schwierigkeitsgrad:

+	=	kann durch den geübten Halter behoben werden
++	=	tierärztliche Hilfe ist angeraten
+++	=	kann ausschließlich durch einen Tierarzt behoben werden

Infektiösität:

x	=	ansteckend
-	=	nicht ansteckend

1 Parasitosen

Fast jedes Lebewesen kann von Parasiten befallen werden. Ein Parasit ist ein Organismus, der auf Kosten eines anderen Nährstoffe oder andere Vorteile bezieht (griechisch: παρά = neben, σιτος = Nahrung).

Es gibt Endoparasiten, die im Inneren des Wirts leben (z. B. Würmer), und Ektoparasiten, die sich außen auf dem Wirt aufhalten (z. B. Zecken).

In der freien Wildbahn sind die meisten Tiere von Parasiten befallen. Da hier jedoch in der Regel ein Gleichgewicht herrscht, schaden diese ihrem Wirt meist nur geringgradig.

Im Terrarium tritt ein Parasitenbefall, auch bei Nachzuchten, genauso häufig auf, jedoch können die Parasiten hier oft größeren Schaden anrichten. Durch ständigen Kontakt mit den eigenen Exkrementen und denen der vergesellschafteten Tiere kommt es zur Autoinfektion (Selbstansteckung) mit den eigenen Parasiten, wodurch der Befall stark ansteigt und zu gesundheitlichen Problemen führt. Zu diesem erhöhten Infektionsdruck kommt hinzu, dass das Immunsystem der Geckos durch Stress (Umsetzen, Handling, Vergesellschaftung etc.) geschwächt sein kann, weswegen Probleme oft erst nach dem Erwerb der Tiere auftreten.

Von einer prophylaktischen Behandlung (z. B. „Wurmkur“) ist jedoch dringend abzusehen, denn Tiere sollten nur Medikamente bekommen, die sie wirklich brauchen, und der Verzicht auf eine Kotuntersuchung verhindert das Aufdecken anderer Parasitosen.

Irrtümlich wird oft angenommen, dass Parasiten über Futtertiere übertragen werden. Hierfür müssten diese jedoch den unwahrscheinlichen Kontakt mit infektiösem Geckokot gehabt haben. Die meisten Parasiten sind durch die Geckos selbst eingeschleppt, daher empfiehlt sich bei jedem Neuzugang vorerst eine Quarantänehaltung (siehe oben) und mindestens eine Kotuntersuchung (siehe oben) sowie selbstverständlich eine genaue Untersuchung des Tieres. In der Terraristik sollte versucht werden, eine möglichst komplette Parasitenfreiheit zu erreichen. Auch ein schwacher Befall mit relativ harmlosen Parasiten schwächt den Wirt und kann beim Auftreten weiterer gesundheitlicher Probleme zu schweren Erkrankungen führen.

Die Anzahl der Parasitenarten, die einen Leopardgecko befallen können, ist glücklicherweise recht überschaubar (Blutparasiten sind im Folgenden nicht berücksichtigt).

1.1 Ektoparasiten

Ektoparasiten können bei genauer Untersuchung der Tiere entdeckt werden.

1.1.1 Milben (++) (x)

Milben sind blutsaugende Spinnentiere, die fast alle Tierarten befallen können. Bei Reptilien gibt es viele Milbenarten, z. B. die Schlangenmilbe (*Ophionyssus natricis*), die sogar auf dem Menschen parasitieren kann, und viele andere Milbenarten, z. B. der Gattung *Geckobia*, die jedoch meist sehr wirtspezifisch sind und nur wenige Arten befällt. Man erkennt sie als braune, schwarze oder rote winzige Tierchen, die über die Haut der Geckos laufen oder sich zwischen den Schuppen und an verborgenen Körperstellen (Kloake, Achselhöhlen, Lidfalte etc.) aufhalten. Eingeschleppt werden sie beispielsweise über andere Tiere oder Gegenstände, die in Zoofachgeschäften mit einem Milbenproblem gekauft worden sind. Bei Leopardgeckos ist ein Milbenbefall sehr selten. Oft werden Milben im Kot gefunden, die jedoch nur Darmpassanten und mit der Nahrung aufgenommen worden sind. Der Tierarzt kann unter dem Mikroskop feststellen, ob es sich um wirkliche Parasiten handelt und dann gegebenenfalls eine Behandlung mit einem für die Geckos gut verträglichem

Gruppe von *Eublepharis angramainyu* Foto: J. Stenicka

Mittel durchführen. Auf keinen Fall sollte eine Behandlung mit Öl versucht werden, da diese schwere Schäden an der empfindlichen Geckohaut verursachen würde. Auch ist von der Verwendung vermeintlich harmloser „Milbenmittel“ aus dem Zoogeschäft abzusehen. Zur Reinigung des Terrariums und der Einrichtung eignet sich am besten Hitze, denn bei Temperaturen über 60 °C sterben Milben und deren Eier ab.

1.1.2 Zecken (+ / ++) (x)

Zecken gehören auch zu den Milben. Sie sind um ein Vielfaches größer und meistens nur an Wildfängen zu finden. Diese auf den Tieren sitzenden Parasiten werden einzeln entfernt. Mit einer (speziellen) Pinzette werden sie direkt über der Haut des Wirtes ergriffen und vorsichtig, ohne dass der Kopf der Zecke abreißt und in der Haut verbleibt, entfernt. Bei Leopardgeckos scheinen Zecken jedoch keine relevante Rolle zu spielen.

1.1.3 Fliegen (Myiasis) (+++) (x)

Bei offenen Verletzungen kann es dazu kommen, dass Fliegen (meistens der Gattung *Lucilia*) ihre Eier in die Wunde legen. Wird dies nicht rechtzeitig entdeckt, kann es durch Madenfraß zu schwerem Substanzverlust auch mit tödlichen Folgen kommen. Die Eier oder Maden müssen einzeln und komplett entfernt werden, die Wunde wird tierärztlich behandelt. Bei Leopardgeckos kommt dies recht selten vor, da sie selten im Freien gehalten werden und Wunden meist rechtzeitig entdeckt werden.

1.2 Endoparasiten

Da sich Endoparasiten im Inneren des Tieres aufhalten und lediglich ihre Eier, Oozysten etc. ausgeschieden werden, ist ein Befall hier in der Regel nur durch eine mikroskopische Kotuntersuchung festzustellen. Lediglich bei einem sehr starken Wurmbefall (oder nach einer Behandlung, sofern die toten Parasiten nicht verdaut wurden) werden auch adulte Tiere ausgeschieden.

1.2.1 Würmer (Helminthen) (+++) (x)

Fast alle Leopardgeckos haben einen Befall mit Oxyuren, wegen ihrer Form auch „Pfriemenschwänze“ genannt. Dabei handelt es sich um kleine (bis 1 cm große) Nematoden (Rundwürmer), zu denen neben vielen anderen auch die Strongyliden (Hakenwürmer), Strongyloiden (Zwergfadenwürmer) und die Askariden (Spulwürmer) gehören, die bei Leopardgeckos aber, ebenso wie Cestoden (Bandwürmer) oder Trematoden (Saugwürmer), seltener auftreten.

Ein Befall wird durch eine Kotuntersuchung festgestellt und kann dann meist durch eine Quarantänisierung und die zweimalige orale, nach zehn Tagen zu wiederholende Verabreichung eines verschreibungspflichtigen Anthelminthikums (z. B. Fenbendazol) behandelt werden.

1.2.2 Einzeller (Protozoen) (+++) (x)

Es gibt eine Vielzahl einzelliger Lebewesen, die in unterschiedlichsten Formen vorkommen und von denen einige Arten auch Leopardgeckos befallen können.

1.2.2.1 Flagellaten

Flagellaten bewegen sich mit peitschenartigen Fortsätzen fort und werden daher auch „Geißeltierchen“ genannt (flagellum [lat.] = die Geißel). Sie sind ein häufig unterschätztes Problem bei Leopardgeckos, nicht zuletzt, da sie in älteren Kotproben kaum gefunden werden können. Hier ist, sofern das Tier bei der Untersuchung nicht von alleine frischen Harn absetzt, eine Kloakenspülung das Mittel der Wahl für eine sichere Diagnose. Ein Flagellatenbefall ist stets behandlungswürdig, denn er verursacht Entzündungen des Magen-Darm-Traktes, des Harnapparates, der Kloake und der Geschlechtsorgane und kann gelegentlich auch in anderen Organsystemen festgestellt werden. Durchfälle und andere Verdauungsstörungen, die zu einem Abmagern der Tiere führen, lokale Entzündungen und Probleme bei der Fortpflanzung sind sonst die Folge. Die Behandlung erfolgt durch die Quarantänsisierung und die orale Gabe eines verschreibungspflichtigen antiprotozoär wirkenden Antibiotikums (Metronidazol, Dimetridazol) über drei Tage.

1.2.2.2 Kokzidien

Kokzidien sind einzellige Parasiten, die meist die Darmschleimhaut, aber auch andere Organe wie die Gallengänge befallen. Sie treten bei Leopardgeckos recht selten auf und werden durch die Oozysten dieser Parasiten im Kot nachgewiesen. Ein Befall führt zu Entzündungen der betroffenen Organe, Durchfällen und einem Abmagern der Tiere und wird je nach Lokalisation mit verschreibungspflichtigen Antiprotozoika (Toltrazuril oder Sulfonamiden) unter Quarantäne behandelt.

1.2.2.3 Kryptosporidien

Diese den Kokzidien ähnlichen Einzeller haben insbesondere bei Leopardgeckos in den letzten Jahren große Probleme verursacht. Reptilien werden von *Cryptosporidium saurophilum* und *C. serpentis* befallen, wobei die erstere Art bei Leopardgeckos häufiger auftritt. Durch eine entzündliche Schädigung der Schleimhaut des Magen-Darm-Traktes kommt es zu Resorptionsstörungen und somit zu einem starken Gewichtsverlust des betroffenen Tieres trotz ausreichender Nahrungsaufnahme. Durch den vollständigen Abbau der Fettreserven magert auch der Schwanz vollständig ab. Diese Symptomatik, einhergehend mit dem Ausscheiden unverdauter Nahrung, ist ein Anzeichen für eine Kryptosporidieninfektion, kann aber auch durch andere Krankheiten und Parasitosen verursacht werden. Gewissheit bringt hier nur eine spezielle Kotuntersuchung, da diese Einzeller bei einer einfachen Kotuntersuchung nicht sicher entdeckt werden können. Neben einer Färbung des Kotes bieten sich hier indirekte Nachweismethoden an, wie ELISA (Enzyme-linked Immunosorbent Assay), IFT (Immunfluoreszenztest) und PCR (Polymerase Chain Reaction) an, die etwas aufwändiger und kostspieliger sind. Bis heute ist keine Therapie bekannt, die zur vollständigen Eliminierung von Kryptosporidien bei

Befall mit Kryptosporidien Foto: F. W. Henkel

Leopardgeckos führt. Da diese Einzellererkrankung hochgradig ansteckend für Reptilien ist, ist leider die Euthanasie infizierter Tiere oft die Methode der Wahl. Bei strikter räumlicher Trennung von nicht-infizierten Tieren ist es jedoch in vielen Fällen möglich, durch medikamentelle Therapie (Paromomycin) und Flüssignahrung (z. B. „Bioserin") die Gesundheit der Geckos weitestgehend wiederherzustellen oder zu erhalten und den Tieren so ein lebenswertes Leben zu ermöglichen. Die Infektion ist zwar nicht erblich, jedoch sollte, da die Einzelleroozysten auch auf die Eischale übertragen werden, an der sich die Schlüpflinge infizieren können, auf eine Bebrütung von Eiern infizierter Geckos verzichtet werden.

Wegen der hohen Tenazität (Widerstandsfähigkeit gegenüber äußeren Einflüssen) der Kryptosporidienoozysten stellt auch die Desinfektion ein größeres Problem dar, da hierfür nur wenige, jedoch auch gesundheitsschädliche Desinfektionsmittel (z. B. Kresol) geeignet sind.

Zur Vermeidung der Ausbreitung dieser Seuche sollten stabile Leopardgeckobestände möglichst nicht verändert und Neuzugänge auf einen Kryptosporidienbefall getestet werden, auch wenn diese äußerlich gesund erscheinen. Viele Tiere sind Kryptosporidienausscheider, ohne zu erkranken. Auffallend ist auch die Häufigkeit von Kryptosporidieninfektionen bei Farbzuchten und Beständen, in die diese eingeführt worden sind. Eventuell konnte sich die Seuche über weltweit verkaufte „Designergeckos" infizierter Großzuchten ausbreiten.

Weitere Informationen sind auf der Internetseite www.cryptosporidien.de veröffentlicht.

1.2.2.4 Ziliaten

Ziliaten sind für Leopardgeckos relativ harmlose Einzeller. Auch „Wimperntierchen" genannt, bewegen sich diese Lebewesen mit einem Saum aus feinen „Härchen" (cilium [lat.] = die Wimper) fort und strudeln Nahrungspartikel in sich hinein. Nur starke Befälle können beispielsweise Durchfälle verursachen und sollten dann mit einem Antiprotozoikum behandelt werden, wenn der Symptomatik nicht anders beizukommen ist.

1.2.2.5 Amöben

Amöben sind Lebewesen ohne feste äußere Gestalt. Sie können sich beliebig verformen und bewegen sich auf diese Weise fort. Von den verschiedenen Amöbenarten sind nur wenige nachweislich für Leopardgeckos pathogen (krankmachend), insbesondere wäre dies *Entamoeba invadens*, die starke Darmentzündungen, einhergehend mit Durchfällen und Abmagerung verursacht, die schnell tödliche Folgen haben können. Manchmal kann man die Trophozoiten im frischen Kot unter dem Mikroskop erkennen, zur sicheren Diagnostik sollte der Kot jedoch eingefärbt werden (z. B. mit Jod), um die Zysten darzustellen. Eine Behandlung findet dann in Quarantäne mit einem verschreibungspflichtigen antiprotozoär wirkenden Antibiotikum (Metronidazol, Dimetridazol) statt.

1.2.3 Zungenwürmer (Pentastomiden) (+++) (x)

Zungenwürmer gehören nicht zu den Würmern, sondern es sind Arthropoden, also wie auch Insekten, Spinnentiere und Krebstiere Gliederfüßer. Diese parasitieren in der Lunge, die Eier wandern über die Maulhöhle in den Darm und werden dann über den Kot ausgeschieden. Ein Befall kann also bei einer Kotuntersuchung aufgedeckt werden, während die Symptomatik der einer bakteriellen Infektion der Atemwege ähnelt. Viele Pentastomidenarten sind auch auf den Menschen übertragbar. Die bei Geckos vorkommenden Zungenwürmer benötigen eine Schabe als Zwischenwirt und haben nach heutigem Wissensstand kein zoonotisches Potenzial. Eine Behandlung muss mit einem Antiparasitikum (Ivermectin) durch den Tierarzt erfolgen. Dabei ist zu beachten, dass das Abtöten der Parasiten in der Lunge eventuell zu schwereren Folgen führen kann, als die Parasitose selbst.

2 Erkrankungen der Haut

2.1 Häutungsschwierigkeiten (Dysecdysis) (+ / ++) (-)

Während des Wachstums und zur Regeneration stoßen Leopardgeckos die oberste Hautschicht ab. Sie besteht aus abgestorbenem Keratin (Horn) und wird zumeist von den Geckos gefressen. So können wertvolle Eiweißstoffe wieder aufgenommen werden. Gelegentlich findet man jedoch auch Hautfetzen im Terrarium, die nicht gefressen oder wieder ausgewürgt wurden.

Für eine komplikationslos ablaufende Häutung ist nicht nur eine ausreichende Versorgung mit Nährstoffen (Eiweißen, Vitaminen etc.) vonnöten, sondern auch eine ausreichende Versorgung mit Wasser. Nicht nur die Tiere selbst müssen genug Wasser aufnehmen können, sondern auch die Umgebung muss ausreichend feucht sein. Durch eine zu trockene Haltung, bedingt durch das Missverständnis, dass Wüstenbewohner lediglich auf trockenem Sand zu halten seien, entstehen die meisten Häutungsprobleme. Weiße kleine Flecken, diffus auf dem Tierkörper und insbesondere auf dem Kopf verteilt, sind ein erstes Anzeichen einer zu geringen Feuchtigkeit. Kommt es dann zur Häutung, bleiben häufig Hautreste an den Akren (Extremitätenenden) und anderen schlecht zu häutenden Stellen wie den Augenlidern und den äußeren Gehörgängen hängen. Auch Unebenheiten der Haut, wie Narben durch Bissverletzungen oder vorhergegangene Operationen, begünstigen das Überbleiben von Hautresten. Während der Schwanz sich meist leicht von der restlichen Haut befreien lässt (Vorsicht! Kann abgeworfen werden!) und Hautreste am Auge mit einem feuchten Wattestäbchen vorsichtig abreiben lassen, bilden sich an den Zehen häufig trockene Hautringe, die sich nicht ohne weiteres lösen lassen. Diese Hautringe, insbesondere wenn es bereits die Reste mehrerer Häutungen sind, schnüren die Zehen ab und führen so allmählich zu einem Absterben und Abfallen der Krallen und der Zehenglieder. Daher sollten diese Hautreste umgehend vorsichtig entfernt werden. Vor allem bei länger auflagernden Hautresten besteht die Gefahr, dass die Zehen beim unsachgemäßen Entfernen abgerissen werden. Vor jeglicher Manipulation sollten die Geckofüße eingeweicht werden, indem das Tier in eine Schale mit lauwarmem Wasser gestellt wird. Hierzu eignet sich am besten ein Gefäß, dessen Rand so hoch ist, dass das Tier nicht herausklettern kann. Dabei sollte der Gecko beaufsichtigt werden, um ein Ertrinken geschwächter Tiere oder in zu kaltem oder hohem Wasser verhindern zu können. Nach 10–15 Minuten ist die Haut eingeweicht und kann vorsichtig abgezogen oder abgezupft werden; eventuell muss der Vorgang wiederholt werden. Lässt sich die Haut so nicht lösen, ist Lebertransalbe ein gutes Hilfsmittel. Einen Tag nach dem Auftragen der Salbe lassen sich die meisten Hautreste gut lösen. Diese Salbe ist auch eine gute Hilfe für die Regeneration entzündeter oder

***Eublepharis macularius* frisst seine abgestreifte Haut.** Foto: R. Stockey

verkümmerter Zehenspitzen. Währenddessen sollten die Geckos aber nicht auf Sand, sondern Papier (Zeitung, Küchentücher o. Ä.) gehalten werden. Von der großflächigen Anwendung von Salben oder Ölen ist abzusehen, da diese sehr schädlich für die feinstrukturierte Geckohaut sind.

Insbesondere wegen der Gefahr des Zehenverlustes bei ungeübter Entfernung der Hautreste ist es oft ratsam, diese Prozedur durch einen leopardgeckoerfahrenen Tierarzt durchführen zu lassen.

Vorbeugend sollten die Tiere auf einer hohen Sandschicht gehalten werden, die in der Tiefe, ebenso wie die Höhlen, leicht feucht ist.

Hilfsmittel: Schale, Wasser, Wattestäbchen, Lebertransalbe, spitze Pinzette, Hautschere oder Skalpell zum Durchtrennen grober Hautringe (Vorsicht, besser durch Tierarzt durchführen lassen!).

2.2 Verletzungen (Läsionen) (+/++/+++) (-)

Oberflächliche und tiefe Hautverletzungen treten in erster Linie durch Beißereien der Tiere untereinander auf, oder aber durch ungeübten Umgang des Halters mit den Tieren bzw. durch Unfälle.

Ist die Haut nur oberflächlich verletzt, genügt oft das „Sterilsetzen" des Tieres nach vorsichtigem Abspülen von Sand und anderen Verunreinigungen aus der Wunde. Für eine eventuelle Desinfektion, die meist gar nicht notwendig ist, eignen sich moderne Wundspüllösungen („Prontosan", „Octenisept" etc.) besser als Jodlösungen. Bei stärkeren oberflächlichen Verletzungen ist das Auftragen einer Salbe (Lebertransalbe, „Wedederm" etc.) der Heilung zuträglich. Von der selbstständigen Anwendung von antibiotischen Salben wird abgeraten. Tiefere Verletzungen mit vollständiger Eröffnung der Haut sollten tierärztlich versorgt werden.

2.3 Hautinfektionen, Abszesse (++ / +++) (x)

Begünstigt durch mangelnde Hygiene oder Verletzungen kann es zu Infektionen der Haut durch Pilze oder Bakterien kommen. In manchen Fällen bilden sich Abszesse oder Granulome, die gespalten bzw. entfernt werden sollten. Da die unsachgemäße Anwendung antibiotischer Salben die Problematik verschlimmern kann, sollte die Veränderung tierärztlich untersucht und behandelt werden. Das alleinige Auftragen von Jod oder Heilsalbe führt selten zu einer Besserung.

2.4 Verbrennungen (Kombustionen) (+ / ++ / +++) (-)

Verbrennungen werden genauso behandelt wie andere Verletzungen. Sie entstehen durch die unsachgemäße Verwendung von Heizkabeln, -matten oder Lampen. Um Verbrennungen vorzubeugen, sollte auf hitzeentwickelnde Technik, die von den Geckos erreicht werden kann, verzichtet werden. Brandverletzungen

Allzu sorgloser Umgang mit Wärmequellen ist nicht nur für die Gesundheit des Pfleglings gefährlich. Foto: K. Kunz

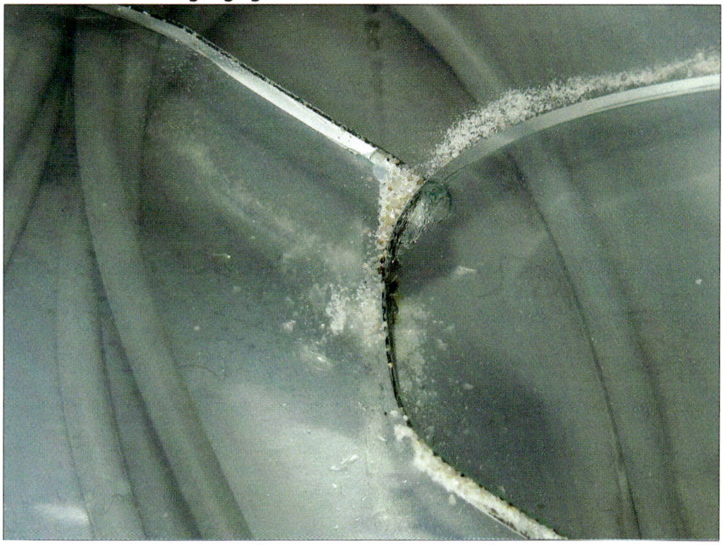

können mit Lebertransalbe behandelt werden und heilen, oft mit Narbenbildung, nach wenigen Wochen meist gut ab.

2.5 Nahtdehiszenz (+++) (-)

Die filigrane Haut der Leopardgeckos stellt für den Chirurgen eine besondere Herausforderung dar, Schnittgröße und Traumatisierung der Haut sind möglichst gering zu halten, denn Tage nach der gelungenen Operation kann es, oft verursacht durch eine Häutung, zum Abstoßen der äußeren Hautnaht, sei sie genäht oder verklebt, kommen. Daher sollten frisch operierte Tiere mindestens bis nach der ersten Häutung quarantänisiert werden, um im Falle einer Nahtdehiszenz weitere Komplikationen zu vermeiden. Die offene Wunde sollte dann feucht gehalten werden und umgehend chirurgisch versorgt werden.

2.6 Veränderungen der Präkloakalporen (++) (-)

Manchmal kann es zu übermäßiger Wachsbildung, Verstopfung oder Entzündung der Präkloakalporen der männlichen Leopardgeckos kommen. Diese können tierärztlich entleert und mit einer entzündungshemmenden Salbe behandelt werden. Danach wird das Tier kurzzeitig quarantänisiert.

3 Allgemeine und systemische Erkrankungen

3.1 Kalziummangel, Rachitis, MBD (++ / +++) (-)

Der Mangel oder die Überversorgung mit bestimmten Mineralstoffen und Vitaminen führt zu einer Vielzahl an Erkrankungen. Seltener als eine Gefäßverkalkung kommt es durch Störungen des Kalziumstoffwechsels zu einer Entmineralisierung der Knochen, die zu einer Erweichung, Auftreibung und Verformung derselben führt. Der Körper versucht, seinen Bedarf aus den vorhandenen Ressourcen zu decken. Die Skeletterkrankungen Rachitis, fibröse Osteodystrophie und Osteomalazie werden als MBD (= Metabolic Bone Disease) zusammengefasst. Eine akute Hypokalzämie (Kalziummangel) äußert sich oft durch Muskeltremor (Zittern) und Schwäche der Muskulatur, denn auch diese benötigt für jede Kontraktion (Zusammenziehung, Anspannung) Kalzium. Im fortgeschrittenen Stadium kommt es bei Leopardgeckos dann meist zu Frakturen (Brüchen) im Bereich der Vordergliedmaßen, was dazu führt, dass die Tiere sich nur noch auf den Ellenbogengelenken robbend fortbewegen können. Zusätzlich treten nicht selten Verstopfungen auf, bedingt durch Muskelschwäche, die deformierte Wirbelsäule und häufig die Aufnahme von Sand, bei dem vergeblichen Versuch, dadurch dem Kalziummangel beizukommen. Die Ursachen hierfür können vielfältig sein, meist jedoch ist die MBD bedingt durch eine Unterversorgung mit Kalzium oder Vitamin D_3 (Cholecalciferol) bzw. UV-B-Licht, unter dessen Einfluss die meisten Wirbeltiere in der Lage sind, dieses Vitamin, das als Hormon eine wichtige Rolle in der Regulierung des Mineralstoffhaushaltes spielt, selbst zu synthetisieren (bilden). Neben dem Wachstum kann auch die Bildung von Eiern durch den erhöhten Bedarf zu Mangelerscheinungen führen. Anders als viele andere Geckoarten verfügen Leopardgeckos nicht über ausgeprägte „Kalksäckchen“ im Kehlbereich, in denen Kalzium für die Eibildung gelagert wird. Selbst bei ausreichender Kalziumversorgung muss das Futter mit einem guten Vitaminpräparat aufgewertet werden (siehe „Vitamine und Mineralstoffe“). Auch wenn Leopardgeckos als dämmerungsaktive Tiere meist ohne UV-B-Bestrahlung auskommen, kann eine zusätzliche Bestrahlung sinnvoll sein.

Die Erkrankung verursacht durch den Versuch des Körpers, den Mangel zu kompensieren (auszugleichen), häufig eine Veränderung an den am Kalziumstoffwechsel beteiligten Organen (Nebenschilddrüse, Nieren etc.), die eine Heilung oft erschwert.

Je nachdem wie frühzeitig der Mangel entdeckt und behoben wird, ist die Prognose unterschiedlich gut. Therapeutisch sind die Tiere

Trächtiges Weibchen mit starker Rachitis Foto: F. W. Henkel

mit Kalziumlösung, per Infusion und oraler Gabe, zu versorgen sowie mit UV-B-Bestrahlung und gegebenenfalls einer genau berechneten Menge Vitamin D_3. Die eingetretenen Folgeschäden wie Knochenbrüche, Verstopfungen etc. sind selbstverständlich ebenfalls fachgerecht zu behandeln. Der Umgang mit rachitischen Tieren hat wegen der erhöhten Frakturgefahr sehr behutsam zu erfolgen. Im besten Fall wird durch eine ausreichende Versorgung mit Kalzium und guten Vitaminzusätzen, evtl. auch UV-B-Bestrahlung ein Mangel verhindert. In keinem Fall sollte hierfür auf künstlichen „Kalziumsand" oder kalziumhaltigen Sand (Vogelsand) zurückgegriffen werden, da diese schwere Verstopfungen verursachen.

3.2 Umfangsvermehrungen (+++) (x / -)

Die Ursachen für Umfangsvermehrungen in oder unter der Haut sowie in der Leibeshöhle können vielfältig sein. In jedem Fall sind sie tierärztlich zu untersuchen und nach entsprechender Diagnose zu behandeln. Abszesse können gespalten und lokal oder systemisch behandelt werden, Tumoren sollten, sofern möglich, entfernt und histologisch untersucht werden etc. Dies sollte frühzeitig geschehen, denn jegliches Fortschreiten der Veränderung kann schwerere Schäden mit sich bringen und verringert die Prognose für eine Heilung.

3.3 Überhitzung (Hyperthermie) (+/++/+++) (-)

Leopardgeckos sind zwar wärmeliebende Tiere, jedoch müssen sie stets die Möglichkeit haben, sich in kühlere Bereiche zurückziehen zu können. Temperaturen über 35 °C sollten nur direkt unter den Sonnenplätzen erreicht werden. Insbesondere beim Transport z. B. im Auto ist für eine gemäßigte Temperierung und ausreichende Belüftung zu sorgen.

3.4 Unterkühlung (Hypothermie) (+/++/+++) (-)

Da die Körpertemperatur und somit auch die Körperfunktionen der Leopardgeckos von der Umgebungstemperatur abhängig sind, ist es notwendig, für ausreichende Wärme zu sorgen. Bei Temperaturen unter 20 °C werden die Tiere träge, durch die verminderte Stoffwechselleistung kann es beispielsweise zu Verdauungsstörungen und zum Auswürgen von Nahrung kommen. Außer zur Überwinterung sollte diese Grenze nicht unterschritten werden. Sind die Tiere unterkühlt, kann man sie durch war-

Ron Tremper vor seiner Anlage Foto: R. Tremper

me Bäder oder warme Infusionen wieder aufwärmen. Das Baden hat unter Aufsicht zu geschehen, um ein Ertrinken der geschwächten Tiere verhindern zu können.

3.5 Virusinfektionen (+++) (x)

Leider gibt es auch Virusinfektionen, an denen Leopardgeckos erkranken können. Hierfür kommen Adeno- und Iridoviren in Frage, wobei dieser Bereich der Leopardgeckomedizin noch recht unerforscht ist. Plötzliche Todesfälle oder zentralnervöse Störungen (Krämpfe, Koordinationsstörungen etc.) können Hinweise auf eine Virusinfektion geben. Betroffene Tiere oder Proben derselben sollten in einem spezialisierten Labor untersucht werden, um eine eventuelle Infektion feststellen und eine Ausbreitung verhindern zu können.

4 Erkrankungen des Verdauungs- und Reproduktionstraktes und der Atemwege

4.1 Verstopfung (Obstipation) (++ / +++) (-)

Viele Ursachen können zu einer Koprostase, einem Kotstau, führen, der, wenn er nicht rechtzeitig entdeckt und behandelt wird, tödlich enden kann. Oft erscheinen die Tiere noch wohlgenährt, obwohl sie schon recht abgemagert sind. Der Kotstau ist oft durch die Bauchdecke sicht- und tastbar.

Ausgelöst wird eine Obstipation meistens durch die übermäßige Aufnahme von Sand (in Ermangelung ausreichender Kalziumversorgung) oder auch durch Überfütterung (Mehlkäferlarven). Ein Mangel an Feuchtigkeit begünstigt die Erkrankung. Neben der Einstellung der Fütterung sollten vorerst warme Bäder durchgeführt und das Tier quarantänisiert werden. Kommt es so nicht zum Kotabsatz, sollte ein Tierarzt vorsichtig mit Kochsalzlösung und einer Knopfkanüle versuchen, die Verstopfung zu lösen. Dies sollte je nach Schwere der Verstopfung nicht an einem Tag geschehen, da dies eine große Belastung für das Tier bedeutet. Infusionen sind der Genesung zuträglich. Die oft empfohlene orale Gabe von Paraffinöl jedoch ist in den seltensten Fällen sinnvoll. Ist die Verstopfung auf diese Weise nicht zu lösen, ist oft eine Operation unausweichlich, von der sich die Tiere meist jedoch sehr gut erholen.

4.2 Legenot (Dystokie) (+++) (-)

Als Legenot bezeichnet man in erster Linie Probleme bei der Eiablage, jedoch gibt es auch eine präovulatorische Legenot, bei der die Eientwicklung gestört ist. Beide Formen können vielfältige Ursachen haben, wobei die „normale" postovulatorische Legenot meist durch Kalziummangel, Stress (Störungen durch den neugierigen Tierhalter oder ein aufdringliches Männchen) oder schlichtweg fehlende oder ungeeignete Eiablageplätze ausgelöst wird. Nur diese Form der Legenot kann, sofern die Eier intakt sind, meist durch die Gabe eines wehenauslösenden Mittels durch den Tierarzt nach Sicherstellung eines ausreichenden Kalziumgehaltes im Blut behoben werden. Alle anderen Fälle fordern ein chirurgisches Eingreifen. Besteht keine Zuchtabsicht, wird empfohlen, das Tier bei der Gelegenheit auch zu kastrieren, um zukünftige Probleme zu verhindern. Nur wenn Eier und Organe gesund erscheinen, ist es lediglich notwendig, die Eier zu entfernen. In der nächsten Saison kann das Tier dann wieder Eier bilden.

4.3 Vorfall (Prolaps) (+++) (-)

Durch Verstopfungen, Parasitenbefall oder Entzündungen kann es zum Ausstülpen der Kloake, der darin mündenden Kanäle (Darm, Legedarm etc.) oder der Hemipenes kommen. Das betroffene Tier sollte umgehend quarantänisiert werden, etwaige Verklebungen mit Sand etc. werden abgespült. Um Verletzungen oder ein Absterben von Gewebe zu vermeiden, ist schnellstmöglich tierärztliche Hilfe in Anspruch zu nehmen, sodass die Organe reponiert (an ihre richtige Position zurückgeführt) werden können und die Ursache behoben werden kann. In fortgeschrittenen Fällen ist oftmals eine Amputation vonnöten. Ein alleiniges „Zurückstopfen" ist niemals die Lösung des Problems. Bis zur Vorstellung beim Tierarzt ist es sinnvoll, das Tier in konzentrierter Zuckerlösung zu baden; diese wirkt leicht desinfizierend und vor allem abschwellend.

4.4 „Erkältung" und Lungenentzündung (Pneumonie) (+++) (-)

Auch Leopardgeckos können, wenn auch seltener als andere Reptilienarten, an Infektionen der Atemwege erkranken. Erschwerte Atmung, oft mit geöffnetem Maul, sowie feuchte Nasenlöcher und eine verschleimte Maulhöhle können darauf hinweisen. Nach tierärztlicher Diagnose kann eine passende Behandlung eingeleitet werden. Diese kann durch Inhalation von Kamillenteedampf unterstützt, jedoch nicht ersetzt werden. Unbehandelt führt eine Lungenentzündung meist zum Tod des Tieres.

4.5 Infektionen des Magen-Darm-Traktes (+++) (x)

Nicht nur Parasiten, auch Bakterien und Pilze können den Verdauungstrakt infizieren und zu Entzündungen, Verdauungsstörungen und Durchfällen führen. Sind andere Faktoren für diese Symptomatik ausgeschlossen, sollte nach entsprechender Diagnose spezifisch behandelt werden. Probiotika, Huminsäuren, Panthenol etc. können hier unterstützend wirken.

Kontakt zu Kornelis Biron:

www.reptilientierarzt.de

VI. Glossar

adult	geschlechtsreif
Adultus (Pl. Adulti)	geschlechtsreife Exemplare
dorsal	oberseits
Granulae	körnige Schuppen
granular	körnig, gekörnt
lateral	seitlich
median	mittig
nuchal	am Nacken gelegen
Präkloakalporen	porenartige Öffnungen in oftmals vergrößerten Schuppen(reihen) vor dem Analspalt
Rostrale	Schnauzenschild
Subdigitallamellen	verbreiterte Schuppen auf der Zehenunterseite
Supralabialia	Oberlippenschilde
Tuberkel	Höcker
ventral	unterseits

Super Snow Foto: W. Schmidt

VII. Literatur

Nachfolgend werden alle uns zum Zeitpunkt der Drucklegung bekannten terraristischen und wissenschaftlichen Schriften aufgeführt, die Leopardgeckos behandeln.

ABRAHAM, G. (1983): Pflege und Zucht von verschiedenen Bodengeckoarten unter gleichen Haltungsbedingungen. – Sauria 5(1): 5–11.

– (1986): *Eublepharis macularius* (BLYTH). – Sauria Suppl.: 33–34.

ALCOCK, A. & F. FINN (1897): An account of the Reptilia collected by Dr. F. Mayland and the members of the Afgan-Baluch Boundary Commission of 1896. – Journal of the Asiatic Society 65: 550–556.

ALEVEN, I. (1970): Alles über das Terrarium. – Kern-Verlag, Stuttgart.

ALLEN, M. (1989): The effects of dietary calcium and vitamin D on intake, growth and bone development in young geckos. – In: Nutritional Aspects of Insectivory, Doctoral dissertation.

ALLEN, R. (1983): The leopard gecko. – Rephiberary 72: 5.

ANDERSON, J. (1871): On some Indian reptiles. – Proc. of the Zool. Soc. London: 149–211.

ANDERSON, S. (1963): Amphibians and Reptiles from Iran. – Proc. Calif. Acad. Sci. 31(16): 417–498.

– (1999): The Lizards of Iran. – SSAR, Contributions to Herpetology No. 15, Ithaca, N.Y.

– & A. LEVITON (1966): A new species of *Eublepharis* from southwestern Iran. – Occ. Pap. Calif. Acad. Sci. No. 53: 1–5.

– & – (1969): Amphibians and Reptiles collected by the Street Expedition to Afghanistan, 1965. – Proc. Calif. Acad. Sci. 37(2): 25–56.

ANGILETTA, M., L. MONTGOMERY & Y. WERNER (1999): Temperature preferences in geckos: Diel variation in juveniles and adults. – Herpetologica 55(2): 212–222.

AUTUMN, K. & D. DE NARDO (1995): Behavioral thermoregulation increases growth rate in a nocturnal lizard. – Jour. Herpetol. 29(2): 157–162.

BALOUTCH, M. & M. THIREAU (1986): Une espèce nouvelle de gecko *Eublepharis* ensafi (Sauria, Gekkonidae, Eublepharinae) du Khouzistan (sud-ouest de l'Iran). – Bull. Mens. Soc. Linn. Lyon 55: 281–288.

BALSAI, M. (1993): Leopard geckos. – Reptile and Amphibian Magazine 1993(2): 2–13.

BANNIKOV, A., I. DAREVSKY & E. RUSTAMOV (1971): Amphibians and Reptiles of the USSR. – MYSL Publishers, Moscow.

BANIKOFF, A., I. DAREVSKY, V. ISHCHENKO, A. RUSTAMOV & N. SZCZERBAK (1980): Opredelitel zemnovodnih i presmikayushchsya fauni SSR (Guide to the Amphibians and Reptiles of U.S.S.R. Fauna). – Prosveshchenie, Moskau.

BARBOUR, T. (1908): Some new Reptiles and Amphibians. – Bull. Mus. Comp. Zool. Harvard 51: 315–325.

BARTLETT, R. (1996): Let's talk Eublepharines. – Reptiles 1996(4): 48–67.

– & P. BARTLETT (1995): Geckos. – Barron's Educational Series, NY.

– & – (1999): Leopard and Fat-Tailed Geckos. – Barron's Educational Series, NY.

BAUER, A. & A. RUSSELL (1991): The maximum size of geckos. – Bull. of the Chicago Herp. Soc. 26(2): 25–26.

–, – & N. DOLLAHAN (1993): Function of mite pockets of lizards. – Can. J. of Zool. 71(4): 865–868.

BECH, R. & U. KADEN (1990): Echsen. – Urania-Verlag, Leipzig.

BECHTLE, W. (1971): Bunte Welt im Terrarium. – Kosmos-Verlag, Stuttgart.

BELLAIRS, A. (1948): The eyelids and spectade in geckos. – Proc. Zool. Soc. London 118: 420–425.

– (1971): Die Reptilien. – Editions Recontre, Lausanne.

BHATI, D.P.S. (1989): A critical evaluation of the species of *Eublepharis* GRAY 1827 (Reptilia: Sauria). – First World Congr. Herpetol. Abstr. 28.

BLACK, J. (1995): Harem breeding leopard geckos (*Eublepharis macularius*). – League of Florida Herp. Societies 1995(12): 420–425.

– (1997): Keeping and breeding leopard geckos (*Eublepharis macularius*). – Reptiles, 1997(3): 10–18.

BLYTH, E. (1854): Notices and descriptions of various Reptiles, new or little known. – J. Asiat. Soc. Bengal 203: 210, 287–302, 737–740.

BLÜM, V. (1985): Vergleichende Reproduktionsbiologie der Wirbeltiere. – Springer Verlag, Berlin, Heidelberg, New York, Tokio.

BNA (2000): BNA-Artenschutzbuch, Teil I Wirbeltiere. – BNA, Hambrücken.

BÖRNER, A.R. (1974): Ein neuer Lidgecko der Gattung *Eublepharis* GRAY 1827. – Saurologica (Eigenverlag) No. 4: 5–14.

– (1976): Second contribution to the systematics of the southwest Asian lizards of the gekkonoid genus *Eublepharis* GRAY 1827. – Saurologica (Eigenverlag) No. 2: 1–15.

– (1978): Third contribution to the systematics of the southwest Asian lizards of the gekkonoid genus *Eublepharis* GRAY 1827. – Saurologica (Eigenverlag) No. 3: 1–21.

– (1981): The genera of Asian eublepharine geckos and a hypothesis of their phylogeny. – Saurologica (Eigenverlag) No. 9: 1–14.

BOULENGER, G. (1885): Catalogue of the Lizards in the British Museum. Geckonidae, Eublepharidae, Uroplatidae, Pygopodidae, Agamidae. – London.

– (1890): On the occurrence of *Eublepharis macularius* in Transcaspia. – Ann. Mag. nat. Hist. 6(6): 352.

– (1890): The Fauna of British India, including Ceylon and Burma. – London (Taylor & Francis).

BRADLEY, T. & D. NIEVES (1999): Leopard gecko, *Eublepharis macularius*, captive care and breeding. – Bulletin of the Association of Reptilian Amphibian Veterinarians. 9(3): 36–40.

BRANDSTAETTER, F. (1992): Observations on the territory-marking behavior of the geckos *Eublepharis macularius*. – Hamadryad 171: 17–20.

BRANT, W. (1994): Leopard geckos. – Reptiles 1994(4): 16–22.

BRILLET, C. (1990): Role des informations olfactives et visuelles dans la discrimination du sexs deux especes de geckos nocturnes: *Eublepahris macularis* et *Paroedura pictus*. – Behaviour 1990(1): 1–22.

– (1991): Analyse comparative de la structure du comportement sexuel chez deux especes de geckos nocturnes: *Eublepahris macularis* et *Paroedura pictus*. – Behaviour 1991(1–2): 117–143.

– (1993): Behavioural cues in sex recognition by two species of nocturnal lizards: *Eublepahris macularis* et *Paroedura pictus*. – Amphibia-Reptilia 1993(1): 71–82.

BROER, W. & H.G. HORN (1985): Erfahrungen bei Verwendung eines Motorbrüters zur Zeitigung von Reptilieneiern. – Salamandra 21(4): 304–310.

BROGHAMMER, S. (1998): Albinos. Farb- und Zeichnungsvarianten bei Schlangen und anderen Reptilien. – Chimaira, Frankfurt.

BRUSE, F., M. MEYER & W. SCHMIDT (2008): Praxis Ratgeber Futterzuchten. – 2. Auflage, Chimaira, Frankfurt.

BULL, J. (1980): Sex determination in reptiles. – Quarterly Review of Biology. 55(1): 3–21.

– (1987): Temperature sensitive periods of sex determinations in a lizard: similarities with turtles and crocodilians. – J. Exp. Zool. 214(1): 143–148.

–, W. GUTZKE & M. BULMER (1988): Nest choice in a captive lizard with temerpature-dependent sex determination. – J. Evol. Biol. 2: 177–184.

–, – & D. CREWS (1988): Sex reversal by estradiol in three reptilian orders. – Gen. Comp. Endocrinol. 70(3): 425–428.

BUNDESMINISTERIUM FÜR ERNÄHRUNG, LANDWIRTSCHAFT UND FORSTEN (1997): Gutachten über Mindestanforderungen an die Haltung von Reptilien vom 10. Januar 1997. – DGHT, Rheinbach, 78 S.

CARWILE, S. (1994): Leopard geckos. Reptile Report. – The Blue Ridge Herpetological Society Newsletter 4(4): 1.

CERRY, R. (1984): *Eublepharis macularius* breeding and reproduction. – Ziva 32(6): 234.

CHANDRA, G., S. CHATTERJEE, C. DATTA, M. MAJUMDAR & A. NATH (1997): Occurrence of the Fat Tailed Gecko, *Eublepharis hardwickii* GREY (Sauria: Gekkonidae) with remarks on the variation in certain taxonomic characteristics. – Journal of the Bombay Natural History Society 94: 165–166.

CLARK, R. (1990): A report on herpetological observations in Afganistan. – British Herp. Society Bull. 33: 20–42.

–, E. CLARK, S. ANDERSON & A. LEVITON (1969): Report on a Collection of Amphibians and Reptiles from Afghanistan. – Proc. Calif. Acad. Sci. 36(10): 279–315.

COKE, R. & T. TRISTAN (1998): Cryptosporidium infection in a colony of Leopard geckos, *Eublepharis macularius*. – ARAV 5th Ann. Conf. Sept 26–29: 157–165.

CONSTABLE, J. (1949): Reptiles from the Indian Peninsula in the Museum of Comparativ Zoology. – Bull. Mus. Comp. Zool. 103(2): 57–160.

COOPER, W. (1995): Prey chemical discrimination and foraging mode in gekkonoid lizards. – Herpetological Monographs 9: 120–129.

– & L. STEELE (1997): Phermonal Discrimination of Sex by Male and Female Leopard Geckos (*Eublepharis macularius*). – Journal of Chemical Ecology 23(12): 2967–2978.

–, C. DEPERNO & L. STEELE (1996): Do lingual behaviors and locomotion by two gekkotan lizards after experimental loss of bitten prey indicate chemosensory search? – Amphibia-Reptilia 17(3): 217–231.

–, P. COOMBER & F. GONZALEZ-LIMA (1997): Effects of age and sociosexual experience on the morphology and metabolic capacity of brain nuclei in the leopard gecko (*Eublepharis macularius*), a lizard with temperature-dependent sex determination. – Brain Resarch 758: 169–179.

–, –, – & – (1978): About the gecko genus *Eublepharis* occuring in Middle Asia. – Proceedings of the Zoological Institute, Academia of Science, USSR, 61: 204–209.

CREWS, D., J.R. GODWIN, V. HARTMAN, E. PREDIGER, M. GRAMMER & R. SHEPPERD (1996). Intrasexual variation in behavioral sensitivity to progesterone in male whiptail lizards and correlations with brain steroid hormone receptor mRNA expression. – J. Neuroscience 16(22): 7347–7352.

DAREVSKY, S. (1977): *Eublepharis turcmenicus*. – S. 83–84 in: BANNIKOV, A., S. DAREVSKY, V. ISHCHENKO, A. RUSTAMOV & N. SHCHERBAK (Hrsg.): Guide to the amphibian and reptilian fauna of the USSR. – Prosveshchenie, Moscow.

DANIEL, J. (1989): The book of Indian Reptiles. – Oxford Uni. Press. Bombay.

DAS, I. (1992): *Cyrtodactylus madarensis* SHARMA (1980), a junior synonym of *Eublepharis macularius* BLYTH (1854). – Asiatic Herpetological Research 4: 55–56.

– (1997): Resolution of systematic status of *Eublepharis macularius fuscus* (BÖRNER, 1981) (Eublepharidae: Sauria: Squamata). – Hamadryad 22(1): 13–20.

DELHEUSY, V., C. BRILLET & V. BELS (1995): Etude Cinematique de la prise de nourriture chez *Eublepharis macularius* (Reptilia, Gekkonidae) et comparaison au sein des geckos. – Amphibia-Reptilia 16(2): 185–201.

DEPERNO, C. & W. COOPER (1996): Labial-licking for chemical sampling by the leopard gecko (*Eublepharis macularius*). – Journal of Herpetology 30(4): 540–543.

DEPOISTER, B. (1994): Care and Breeding of the Leopard Gecko (*Eublepharis macularius*). – Captive Breeding 2(3): 12–15.

DOUGLAS, R. (1990): The Effects of Temperature on Embryonic Sex Determination and Behaviour in Reptiles, with Special Reference to *Eublepharis macularius*. – Journal of the herpetological association of Africa 38: 28–31.

DUSCHA, D. (2006): Leopard Geckos (*Eublepharis macularius*). – REPTILIA (GB) 45: 12–21.

– (2006): Der Leopardgecko (*Eublepharis macularius*). – REPTILIA 11(1): 20–29.

FALK, A. (2002): Geckos. – Ulmer Verlag, Stuttgart.

FLORES, D., A. TOUSIGNANT & D. CREWS (1994): Incubation temperature affects the behavior of adult leopard geckos (*Eublepharis macularius*). – Physiology & Behavior 55(6): 1067–1072.

– & D. CREWS (1995): Effect of hormonal manipulation on sociosexual behavior in adult female leopard geckos (*Eublepharis macularius*), a species with temperature-dependent sex determination. – Hormones and Behavior 29(4): 458–473.

FOGEL, D. (1995): The leopard gecko (*Eublepharis macularius*): captive husbandry and propagation. – Notes from Noah 22(8): 2–5.

FRIEDERICH, U. & W. VOLLAND (1992): Futtertierzucht. – Ulmer Verlag, Stuttgart.

GAMBLE, T. (1998): A bibliography to the genus *Eublepharis* (GRAY, 1827) (Eublepharidae, Sauria). – Bloomington (Eigenverlag).

–, J. AHERNS & V. CARD (2006): Tyrosinase activity in the skin of three strains of albino gecko *Eublepharis macularius*. – Gekko 5(1): 39–44.

GERMANN, E. (1983): *Eublepharis macularius* – Leopardgecko. – Aquaria 30(19): 169–171.

GERICKE, F. (1981): Lidgeckos der Gattung *Eublepharis*. – Sauria 3(4): 11–14.

GÖCMEN, B., M. TOSUNOGLU & A. DINCER (2002): First record of the Leopard Gecko *Eublepharis angramainyu* (Reptilia: Sauria: Eublepharidae) from Anatolia. – Herpetological Journal 12(2): 79–80.

GREENBERG, B. (1943): Social behavior of the western banded gecko, *Coleonyx variegatus* BAIRD. – Physiol. Zool. 16(1): 110–122.

GRIEßHAMMER, K. & G. KÖHLER (2006): Leopardgeckos: Pflege, Zucht, Erkrankungen, Farbvarianten. – Herpeton Verlag, Offenbach.

GRISMER, L. (1988): Phylogeny, taxonomy, classification and biogeography of eublepharid geckos. – S. 369–469 in: ESTES, R. & G. PREGILL (Hrsg.): Phylogenetic Relationships of the Lizard Families. – Stanford University Press.

– (1989): *Eublepharis ensafi* BALOUTCH & THIREAU, 1986: A junior Synonym of *E. angramainyu* ANDERSON & LEVITON, 1966. – Journal Herpet. 23(1): 94–95.

– (1991): Cladistic relationships of the Lizard *Eublepharis turcmenicus* (Squamata: Eublepharidae). – Journal Herpet. 25(2): 251–253.

GÜNTHER, A. (1864): The Reptiles of British India. – Hardwicke, London.

HALLIKAINEN, N. (2006): Leopardigekon (*Eublepharis macularius*) hoito terraariossa. – Herpetomania 15(1–2): 5–14.

HAMPER, R. (2002): Leopard geckos in captivity. – ECO Publishing.

HARA, K. (1973): Hatchlings of *Eublepharis macularius*. – Acta herpet. Japan 4(1–4): 20–21.

HARTMAN, T. (1995): Incomplete autotomy and regeneration in the leopard gecko *Eublepharis macularis*. – Reptilian 3(8): 30–32.

HENKEL, F.W. & W. SCHMIDT (2003): Geckos. Alle Arten im Überblick. – Chimaira, Frankfurt.

– & – (2003): Geckos. Biologie, Haltung und Zucht. – 2. Aufl., Ulmer Verlag, Stuttgart.

– & – (2008): Terrarienbau und -einrichtung. – 2. Aufl., Eugen Ulmer Verlag, Stuttgart.

–, M. KNÖTHIG & W. SCHMIDT (2000): Leopardgeckos. – Natur und Tier - Verlag, Münster.

HINGLEY, K. (1985): Maintenance and Captive Reproduction of the Leopard gecko, *Eublepharis macularius*. – Herptile 10(4): 123–128.

– (1987): The Leopard gecko *Eublepharis macularius*, a study of feeding, breeding and behavioural patterns under captive conditions. – Herptile 12(1): 9–16.

– (1995): The captive maintenance of the leopard gecko. – Reptilian 3(1): 14–17.

HOFMANN, E. (1972): The Spotted Desert Gecko *Eublepharis macularius*. Care and breeding in captivity. – New York Herpetological Society Bulletin, 7(3–4): 20–24.

HOLFERT, T. (1990): Ungewöhnliche Farbvariante bei *Eublepharis macularius*. – elaphe N.F. 12(3): 47–48.

HUNZIKER, R. (1994): The Guide to Owning a Leopard Gecko. – T.H.F. Publications. Inc.

INDIVIGLIO, F. (2007): Leopard Gecko: Your Happy Healthy Pet. – Howell Book House.

JAHN, J. (1978): Kleine Terrarienkunde (Lehrmeister-Bücherei). – Verlag Albrecht Philler, Minden.

JANES, D. & M. WAYNE (2006): Evidence for genotype X environment interaction in sex-determining response to incubation temperature in the Leopard Gecko, *Eublepharis macularius*. – Herpetologica 62(1): 56–62.

JES, H. (1987): Echsen als Terrarientiere. – Graefe und Unzer Verlag.

KAHL, B., P. GAUPP & G. SCHMIDT (1980): Das Terrarium. – Falken-Verlag, Niederhausen.

KÄSTLE, W. (1972): Echsen im Terrarium. – Franckh'sche Verlagsbuchhandlung, Stuttgart.

KAVERKIN, Y. & N. ORLOV (1996): Experience of captive breeding of *Eublepharis turcmenicus* DAREVSKY, 1978 (Eublepharidae, Sauria). – Russian Journal of Herpetology 3(1): 99.

KELLER, G. & E. SCHNEIDER (2006): Leopardgeckos. – bede Verlag.

KHAJURIA, H. (1986): On habits of some central Indian lizards. – Record zool. Surv. India 83(1–2): 19–23.

KHALAF, K. (1959): Reptiles of Iraq with some notes of amphibians. – Ar-Rabitta Press, Baghdad.

KHAN, M.S. (1993): A checklist and key to the gekkonid lizards of Pakistan. – Hamadryad, 18: 35–41.

– (2006): Natural history and biology of the Leopard Gecko, *Eublepharis macularius*, in Pakistan. – REPTILIA (GB) 45: 22–27.

– (2006): Lebensweise und Biologie des Leopardgeckos (*Eublepharis macularius*) in Pakistan. – REPTILIA 11(1): 30–35.

– & M. MIRZA (1977): An annotated checklist and key to the reptiles of Pakistan. Part II: Sauria. – Biologia 23: 43–64.

KLINGELHÖFFER, W. (1957): Terrarienkunde I–IV. – Alfred Kernen Verlag, Stuttgart.

KLUGE, A. (1967): Higher taxonomic categories of gekkonoid lizards and their evolution. – Bull. Amer. Mus. Nat. Hist. 135: 1–60.

– (1987): Cladistic Relationships in the Gekkonoidea (Squamata: Sauria). – Misc. Publ. Mus. Zool. Univ. Mich. 173: 1–54.

KÖHLER, G. (1994): Anmerkungen zu „Operative Behandlung einer Legenot beim Leopardgecko *Eublepharis macularius*" von J. Krüger, elaphe N.F. (4/93). – elaphe N.F. 2(1): 23–24.

– (1996): Krankheiten der Amphibien und Reptilien. – Ulmer Verlag, Stuttgart.

– (1997): Inkubation von Reptilieneiern. – Herpeton Verlag, Offenbach.

KRATOCHEVIL, L. & D. FRYNTA (2002): Body size,

male combat and the evolution of sexual dimorphism in eublepharid geckos (Squamata: Eublepharidae). – Biol. J. of the Linnean Society 76: 303–314.

KREUTZ, R. (2006): Farb- und Zeichnungsvarianten des Leopardgeckos (*Eublepharis macularius*). – REPTILIA 11(1): 36–40.

KRÜGER, J. (1993): Operative Behandlung einer Legenot beim Leopardgecko *Eublepharis macularius*. – elaphe N.F. 1(4): 9–12.

LEVITON, A. & S. ANDERSON (1970): The amphibians and reptiles of Afghanistan, a checklist and key to the herpetofauna. – Proceedings of the California Academy of Sciences 38(10): 163–206.

–, S. ANDERSON, K. ADLER & S. MINTON (Hrsg.) (1992): Handbook to Middle East Amphibians and Reptiles. – SSAR.

LILGE, D. & H. MEEUWEN (1979): Grundlagen der Terrarienhaltung. – Landbuch-Verlag, Hannover.

MADERSON, P. (1972): The structure and evolution of holocrine epidermal glands in Sphaerodactyline and Eublepharine Gekkonid Lizards. – Copeia 1972(3): 559–571.

MARTENS, H. & D. KOCK (1991): Erstnachweise für drei Gecko-Gattungen in Syrien. – Senck. Biol. 71: 15–21.

MARTIN, J. (1998): Keeping and breeding Leopard geckos, *Eublepharis macularius*. – The Herptile 23(3): 125–127.

MASON, R. & W. GUTZKE (1990): Sex recognition in the leopard gecko, *Eublepharis macularius* (Sauria: Gekkonidae) possible mediation by skin-derived semiochemicals. – J. Chem. Ecol. 16(1): 27–36.

MATZ, G. & M. VANDERHAEGE (1980): BLV-Terrarienführer. – BLV Verlaggesellschaft, München.

MERKER, G., C. MERKER, J. BERGMAN & T. MAZORLIG (2006): Leopard geckos. – TFH Publications.

MERTENS, R. (1959): Über einige seltene Eidechsen aus West-Pakistan. – DATZ 1959(12): 307–310.

– (1969): Die Amphibien und Reptilien West-Pakistans. – Stuttgarter Beiträge zur Naturkunde Nr. 197.

MESCHEDE, T. (2006): Erhebliche Missbildungen bei *Eublepharis macularis* (BLYTH, 1854). – elaphe N.F. 14(3): 35–36.

MEYER, M. & W. SCHMIDT (2003): Leopardgeckos im Terrarium. – DATZ 56(5): 38–42.

MEYER, R. (1995): Leopard geckos. Breeding and diseases. Part 2. – Herpetofauna Journal 10(4): 17–18.

– & S. COLLINS (1995): The leopard gecko. Part 1. – Herpetofauna Journal 10(1): 14–17.

MILLER, M. (1980): The Leopard Gecko, *Eublepharis macularius* (GRAY). – Bull. Chicago Herpet. Soc. 15(1): 10–15.

MINTON, S. (1962): An annotated key to the amphibians and reptiles of Sind and Las Bela, West Pakistan. – American Museum Novitates 2081: 1–60.

– (1966): A contribution to the Herpetology of West Pakistan. – Bulletin of the American Museum of Natural History 134(2): 27–184.

MORGAN, N. & J. MORGAN (2003): The Pet Owner's Guide to the Leopard Gecko. – Interpet Publishing.

MÜLLER, M. (1983): Klima-Handbuch ausgewählter Klimastationen der Erde. – Universität Trier.

NADER, I. & S. JAWDAT (1976): Taxonomic study of the geckos of Iraq (Reptilia: Gekkonidae). – Sci. Res. Found. Biol. Res. Cent. Publ. 5: 1–41.

NEITZSCH, R. (1987): Einiges über die Haltung und Nachzucht von *Eublepharis macularius*. – elaphe 9(1): 2–5.

NIETZKE, G. (1980): Die Terrarientiere, Band II. – 2. Aufl. Ulmer Verlag, Stuttgart.

– (1984): Fortpflanzung und Zucht der Terrarientiere. – Landbuch-Verlag, Hannover.

– (1992): Die Terrarientiere, Band I.-- Ulmer Verlag, Stuttgart.

– (1998): Die Terrarientiere, Band II. – 4. Aufl., Ulmer Verlag, Stuttgart

NIKOLSKII, M. (1915): Fauna of Russia and adjacent countries. Reptiles. Vol. I.: Chelonia and Sauria. – Jerusalem (Israel Programs for Scientific Translation).

NUNAN, J. (1992): A Peek into the Past – *Eublepharis hardwickii*. – Dactylus 1(2): 4.

OBST, F., K. RICHTER & U. JACOB (1984): Lexikon der Terraristik und Herpetologie. – Landbuch-Verlag, Hannover.

PALIKA, L. (2007): Leopard geckos for Dummies. – For Dummies, Wiley & Sons.

PETZOLD, H.G. (1982): Aufgaben und Probleme bei der Erforschung der Lebensäußerungen der Niederen Ammionten (Reptilien). – Berliner Tierpark-Buch Nr. 38.

PRATER, S. (1922): Food of the fat-tailed lizard (*Eublepharis macularius*). – Journal of the Bombay Natural History Society 28(3): 811–812.

PUENTE, L. (2000): The leopard gecko. – Howell Book House.

PUGSLEY, S., D. SPRATT & J. SAMOUR (1985): Death in Leopard geckos (*Eublepharis macularius*) following ingestion of Vermiculite. – Laboratory Animal 19(4): 284–287.

RAINWATER, T. & L. RAINWATER (1998): Albino Leopard Gecko. – Reptilian 5(7): 35.

RAMOS APARICIO, I. (2001): *Eublepharis macularius*: Histological structure of the tail of the Leopard Gecko. – REPTILIA (GB) 17: 11–14.

RAUH, J. (2000): Grundlagen der Reptilienhaltung. – Natur und Tier - Verlag, Münster.

RHEN, T. & D. CREWS (2000): Organization and Activation of Sexual and Agonistic Behavior in the Leopard Gecko, *Eublepharis macularius*. – Neuroendocrinology 71(4): 251–261.

– (2001): Distribution of Androgen and Estrogen Receptor mRNA in the Brain and Reproductive Tissues of the Leopard Gecko, *Eublepharis macularius*. – Journal of Comperative Naurology 437(4): 385–397.

ROGNER, M. (1992): Echsen 1. – Ulmer Verlag, Stuttgart.

ROHDE, H. (1991): Der Leopardgecko, *Eublepharis macularius*: immer noch für eine Überraschung gut. – Sauria 13(3): 29.

– (1991): The leopard gecko, *Eublepharis macularius* (BLYTH 1854), still good for a surprise. – Sauria (E) 1(1): 29.

RÖSLER, H. (1995): Geckos der Welt. – Urania-Verlag, Leipzig.

– (1996): Field observations and captive husbandry in *Eublepharis turcmenicus* DAREWSKY, 1978. – Dactylus 3(1): 24–28.

– (1997): Fortpflanzungsdaten von zwei eublepharinen und drei diplodactylinen Geckoarten. – Jahrbuch für den Terrarianer 4: 21–38.

– (1999): Paläarktische Geckos (Reptilia: Gekkota) Teil II: *Eublepharis turcmenicus* DAREVSKY, 1978. – Sauria 21(3): 21–26.

– (2005): Vermehrung von Geckos. – Herpeton Verlag, Offenbach.

– & N. SZCZERBAK (1993): Die Jugendentwicklung von *Eublepharis turcmenicus* DAREVSKY, 1978 im Terrarium. – Salamandra 28(3/4): 275–278.

SAKATA, J., A. GUPTA, C.-P. CHUANG & D. CREWS (2002): Social experience affects territorial and reproductive behaviours in male leopard geckos, *Eublepharis macularius*. – Animal Behaviour 63: 487–493.

SCHAMMAKOV, S., C. ATAEV & E. RUSTAMOV (1993): Herpetogeographical map of Turkmenistan. – Asiatic Herpetological Research 5: 127–136.

SCHEIDT, V. (1988): The Eublepharine Geckos – Juwels of the night. – The Vivarium 1(3): 27–30.

SCHIFTLER, H. (1967): Beobachtungen am Panthergecko, *Eublepharis macularius* (BLYTH, 1854). – DATZ 20: 151–154.

– (1988): Bemerkenswerte Lebensdauer eines *Eublepharis macularius* (BLYTH, 1854) (Sauria: Gekkonidae) in Gefangenschaft. – Salamandra 24(4): 310–311.

SCHMIDTLER, J. & J. SCHMIDTLER (1970): Ein Nachtgeist aus Luristan. – Aquarien-Magazin 6: 239–241.

SCHWENK, K. (1993): Are geckos olfactory specialists? – J. Zool. Soc. London 223: 289–302.

SERNA-LANDETE, R. (1995): *Eublepharis macularius*. – REPTILIA 2(2): 43–45.

SEUFER, H. (1985): Geckos. – Landbuch Verlag, Hannover.

– , Y. KAVERKIN & A. KIRSCHNER (2005): Die Lidgeckos. Pflege, Zucht und Lebensweise. – Kirschner & Seufer Verlag.

SINGH, L. (1984): *Eublepharis hardwickii*. – Journal Bombay Nat. Hist. Soc. 81(3): 708–709.

– & M. GOLUBEV (1986): Gekony fauny SSSR i sopredelnych stran. – Kiew (Naukowa Dumka).

SLEIGH, M. & G. BIRCHARD (2001): Amount of Prenatal Visual Stimulation alters Incubation Times and Postnatal Preferences in Leopard Geckos (*Eublepharis macularius*). – Journal of Comperative Psychology 115(3): 233–240.

SMITH, M. (1935): The fauna of British India, including Cylon and Burma, Reptilia and Amphibia. II Sauria. – Taylor & Francis Ltd. London.

STEELE, L. & W. COOPER (1997): Investigations of Phermonal Discrimination between Conspecific Individuals by Male and Female Leopard Geckos (*Eublepharis macularius*). – Herpetologica 53(4): 475–484.

STEIMER, C. (2004): Geckos. – Gräfe und Unzer Verlag.

STETTLER, P.H. (1978): Handbuch der Terrarienkunde. – Franckh´sche Verlagsbuchhandlung, Stuttgart.

SZCZERBAK, N. (1979): Eublepfar turkmensky. – Piroda, Moskau, 1979(6): 83–85.

– & M. GOLUBEV (1996): Gecko Fauna of the USSR and Contiguous Regions. – Society for the Study of Amphibians and Reptiles.

TAYLOR, M., M. GEACH & W. COOLEY (1999): Clinical and pathological observations on natural infections of crytosporidiosis and flagellate protozoa in Leopard geckos (*Eublepharis macularius*). – The Veterinary Record, 145(24): 695–698.

THOROGOOD, J. & I. WHIMSTER (1979): The maintenance and breeding of the Leopard Gecko (*Eublepharis macularius*) as a laboratory animal. – Int. Zoo Yb. 19: 74–78.

TOSUNOGLU, M., D. AYAZ, C. TOK, K. OLGUN & M. AFSAR (2005): Morphology of *Eublepharis angramainyu* ANDERSON & LEVITON, 1966 in Turkey. – Herpetozoa 18(1/2): 61–62.

TOUSIGNANT, A. & D. CREWS (1994): Effect of Exogenous Estradiol Applied at Different Embryonic Stages on Sex Determination, Growth, and Mortality in the Leopard Gecko (*Eublepharis macularius*). – Journal of Experimental Zoology 268(1): 17–21.

TREMPER, R. (1997): Designer leopard geckos. – Reptiles 5(3): 16.

– (2000): Designer leopard geckos – Variation in Color & Pattern of *Eublepharis macularius*. – Repiles 8(3): 10–17.

TRUTNAU, L. (1994): Terraristik. – Ulmer Verlag, Stuttgart.

ULBER, T. (1995): Leopardgeckos im Terrarium. – bede Verlag, Ruhmannsfelden.

VIETS, B., M. TOUSIGINANT, A. EWERT, C. NELSON & D. CREWS (1993): Temperature-Dependent Sex Determination in the Leopard Gecko, *Eublepharis macularius*. – The Journal of Experimental Zoology 265: 679–683.

–, M. EWERT, L. TALENT & C. NELSON (1994): Sex-determining mechanisms in squamate reptiles. – The Journal of Experimental Zoology 270: 45–56.

VILLAREAL, D. & H. FERNANDEZ (1996): Bacterial flora present in skin, mouth and cloaca of the leopard gecko, *Eublepharis macularius* BLYTH, 1854. – Dactylus 3(1): 29–35.

VOGT, D. & H. WERMUTH (1961): Knaurs Aquarien- und Terrarienbuch. – Knaur Verlag, München-Zürich.

VOSJOLI, P. DE, B. VIETS, R. TREMPER & R. KLINGENBERG (1998): The Leopard Gecko Manual. – Advanced Vivarium Systems.

– , R. KLINGENBERG, R. TREMPER & B. VIETS (2004): The Leopard Gecko Manual: Includes African Fat-Tailed Geckos. – Advanced Vivarium Systems.

– , R. TREMPER & R. KLINGENBERG (2005): Herpetoculture of Leopard Gecko. – Advanced Visions Inc.

WAGNER, E. (1974): Breeding the Leopard gecko *Eublepharis macularius* at Seattle Zoo. – Int. Zoo YB.: 84–86.

– (1980): Temperature-dependent sex determination in a gecko lizard. – Q. Rev. Biol. 55: 21.

WELLBORN, V. (1933): Vergleichende osteologische Untersuchungen an Geckoniden, Eublephariden und Uroplatiden. – Sitzungsberichte Ges. naturf. Freunde Berlin: 126–199.

WERB, K. (1980): Notes on breeding the Leopard Gecko in Captivity, *Eublepharis macularius*. – Herptile 5(4): 9–10.

WERNER, F. (1912): Eublepharidae, Uroplatidae, Pygopodidae. – Das Tierreich, 33.

WERNER, Y. (1970): Observation on eggs of Eublepharid lizards, with comments on the evolution of the Gekkonidae. – Zoologische Meded. (Leiden) 47(17): 211–224.

– & E. WEVER (1972): The function of the middle ear in lizards: *Gekko gecko* and *Eublepharis macularius*. – Journal of Experimental Zoology 179(1): 1–16.

WETTSTEIN, O. (1959): Lacertilia aus Afghanistan. – Zoologischer Anzeiger, Jena, 165: 58–63.

WILHELM, H. (1998): Der Leopardgecko – *Eublepharis macularius*. – REPTILIA 3(4): 30–32.

WILMS, T. (1989): Über die altersbedingte Zeichnungsveränderung bei *Eublepharis macularius*. – herpetofauna 62: 13–16.

– (2004): Der Leopardgecko – nicht nur ein Einsteigertier. – REPTILIA 9(2): 56–62.

– (2004): Terrarieneinrichtung. – Natur und Tier - Verlag, Münster.

ZIMMERMANN, E. (1983): Das Züchten von Terrarientieren. – Franckh'sche Verlagsbuchhandlung, Stuttgart.

Anhänge

Vereinigungen

Deutsche Gesellschaft für Herpetologie und Terrarienkunde e.V. (DGHT)

Wie schon ihr Name besagt, ist die DGHT eine Vereinigung herpetologisch und terrarienkundlich interessierter Personen unter einem Dach. Dazu bietet die Gesellschaft sowohl dem Wissenschaftler, der sich beruflich mit Amphibien oder Reptilien befasst, als auch dem Liebhaber, der mit viel Engagement und Freude Amphibien oder Reptilien pflegt und züchtet, ein gemeinsames Forum für Information, Kommunikation und Publikation. Der Verein gibt ein vielfältiges Angebot an Fachzeitschriften heraus, von der wissenschaftlich orientierten Salamandra (deutschsprachige Ausgabe: Der Salamander) über die eher terrarienkundlich angelegte elaphe bis hin zu den Fachzeitschriften der einzelnen Arbeitsgemeinschaften.

Geschäftsstelle:
DGHT
Postfach 14 21, D-53351 Rheinbach
Fon: (0 22 55) 95 01 06
Fax: (0 22 55) 17 26
Homepage: www.dght.de
E-Mail: gs@dght.de

Geckotagung

Jedes Jahr zu Pfingsten findet in wechselnden Städten das Treffen der Geckofreunde statt. Hierzu sind herzlich alle Freunde dieser faszinierenden Echsen eingeladen, um mehr über die Tiere zu erfahren oder aber um ihr Wissen mit Gleichgesinnten zu teilen. Dabei geht es, wie der Name schon sagt, natürlich um alle Geckos, jedoch sind auch immer zahlreiche Pfleger von Leopardgeckos dabei. Mehr Information dazu und auch zum Vortragsprogramm finden Sie unter: www. nephrurus.org.

Leopardgeckos im Internet

Die Möglichkeiten, sich Informationen über seine Leopardgeckos zu beschaffen, werden immer größer. Neben zahlreichen Büchern hat insbesondere das Internet stark an Bedeutung gewonnen. Zahlreiche Organisationen und einzelne Liebhaber weltweit, nicht nur die im Folgenden genannten, bieten dort eine Fülle an Informationen, leider mit teilweise recht unterschiedlicher Qualität. Über eine Suchmaschine, z. B. www.google.de, findet man leicht alle dort veröffentlichten Beiträge (von Haltungsberichten bis hin zu Aufstellungen aller bekannten Farbvarianten) sowie Kleinanzeigen, Diskussionsforen usw. Als Suchwörter können Sie neben Leopardgecko(s) oder *Eublepharis macularius* auch die Bezeichnung der einzelnen Farbvarianten angeben, um zu speziellen Seiten über Leopardgeckos zu gelangen.

Hier nur eine kleine Auswahl an interessanten Seiten:

www.leopardgecko.com
www.mack-bell.de
www.blackvelvets.com
www.jp-reptiles.de
www.macksnow-leopardgeckos.de
www.leopardgecko-farbformen.de
www.leopardgecko-zuechter.de
www.leopardgecko-cocktail.de
www.elphani-gecko.ch
www.leopardgecko.info/
www.leopard-geckos.net
www.livingartgeckos.com
www.jmgreptile.com
www.tangerinegecko.com
www.geckosetc.com
www.westcoastleopardgecko.com
www.thegeckoprince.com

Vor allem auch über die Homepage der DGHT (www.dght.de) finden Sie kompetente Ansprechpartner, Haltungstipps und eine Liste kompetenter Tierärzte, die sich auf die Erkrankungen der Reptilien spezialisiert haben.

Bezugsquellen

Bezugsquellen für Terrarien, Terrarienzubehör, -einrichtung und -technik, Futtertiere, Vitamin- und Mineralstoffpräparate etc. können leicht über Anzeigen in den terraristischen Zeitschriften wie REPTILIA und TERRARIA gefunden werden – und daneben die Gelegenheit, neue Informationen, Anregungen, Vortrags- und Börsentermine zu erhalten.

Natürlich findet man auch über Suchanfragen im Internet zahlreiche Anbieter.

Fachmagazine

Salamandra (bzw. die deutsche Übersetzung „Der Salamander") und elaphe sind die Mitgliederzeitschriften der Deutschen Gesellschaft für Herpetologie und Terrarienkunde e.V. (DGHT). Sie erscheinen alle drei Monate und sind im Mitgliedsbeitrag enthalten. Kontakt siehe oben.

REPTILIA und TERRARIA

erscheinen im Wechsel monatlich zu allen Themen der Terraristik; darin auch Börsentermine, Anzeigen von Herstellern und auf Reptilien spezialisierten Zoogeschäften usw.

Das Terraristik-Themenheft **DRACO** erscheint 4 x im Jahr immer komplett zu einem speziellen Thema.

Das Terraristik-Internetportal von REPTILIA, TERRARIA und DRACO erreichen Sie unter www.reptilia.de. Dort finden Sie u. a. private Kleinanzeigen.

Natur und Tier - Verlag GmbH,
An der Kleimannbrücke 39/41, 48157 Münster,
Tel: 0251-133390, E-Mail: verlag@ms-verlag.de.

Die SAURIA wird vierteljährlich herausgegeben von der Terrariengemeinschaft Berlin e.V. und kann unter Tel./Fax 030-301 12 400 oder unter E-Mail: abo@sauria.de bestellt werden.

DATZ, die Aquarien- und Terrarienzeitschrift, erscheint monatlich und ist erhältlich beim

Verlag Eugen Ulmer, Wollgrasweg 41,
70599 Stuttgart, Tel.: 0711-45 070,
E-Mail: info@ulmer.de.

Gekkota ist eine Fachzeitschrift, die sich ausschließlich mit Themen rund um Geckos befasst. Sie wird in unregelmäßiger Folge von Herrn Herbert Rösler herausgegeben. Kontaktadresse:

Herbert Rösler
Ferdinand-Freiligrath-Str. 51, 06502 Thale

Gekko, die Zeitschrift der internationalen Vereinigung der Geckofreunde (Global Gecko Association)

4920 Chester Street
Spencer
OK 73084-2560 USA
E-Mail: membership@gekkota.com
Internet www.gekkota.com.

Untersuchungsstellen

Viele Tierärzte haben sich inzwischen auf Reptilien spezialisiert und bieten Kot- und Abstrichuntersuchungen sowie Nekropsien an. Daneben gibt es überregionale Untersuchungsstellen und Labore. Zu den bekanntesten gehören folgende:

Exomed, Berlin
Institut für veterinärmedizinische Betreuung niederer Wirbeltiere und Exoten
Dres. Mutschmann & Dr. Seybold GbR
Erich-Kurz-Str. 7
D-10319 Berlin

Tierärztliche Praxis Kornelis Biron
Beethovenstraße 6
D-40233 Düsseldorf

Veterinärmedizinische Fakultät der Universität Gießen
Frankfurter Str. 94
D-35392 Gießen

Institut für Zoologie Fischereibiologie und Fischkrankheiten der tierärztlichen Fakultät der Universität München
Veterinärstr. 13
D-80539 München

Laboklin
Kim Heckers
Abteilung Pathologie
Prinzregentenstr. 3
D-97688 Bad Kissingen

Poliklinik für Vogel- und Reptilienkrankheiten
Universität Leipzig
An den Tierkliniken 17
D-04103 Leipzig

Patternless Albino Foto: F.W. Henkel

www.reptilia.de
Blogs
Kleinanzeigen
Aktuelle Nachrichten
Spannende Informationen
mit RepTV, dem Fernsehprogramm für Terrarianer
RepTV
Fernsehwoche 34
Fernsehprogramm für Terrarianer für die Woche vom 16.08.–22.08.08
Natur und Tier - Verlag GmbH
An der Kleimannbrücke 39/41 · D-48157 Münster
Tel.: 0251-13339-0 · Fax: 0251-13339-33
E-Mail: verlag@ms-verlag.de
NTV

Terrarieneinrichtung

T. Wilms

128 Seiten, 181 Fotos, 1 Tabelle, Format: 16,8 x 21,8 cm
ISBN 978-3-931587-90-1

Nur in artgerecht eingerichteten Terrarien fühlen sich Ihre Pfleglinge wirklich wohl, zeigen das gesamte Verhaltensspektrum und pflanzen sich auch fort.
Der erfahrene Praktiker und DRACO-Redakteur Thomas Wilms erläutert in diesem wegweisenden Standardwerk nicht nur biologische Hintergründe, sondern bietet auch und vor allem detaillierte, leicht nachvollziehbare und ausführlich bebilderte Schritt-für-Schritt-Anleitungen für den Eigenbau sämtlicher Einrichtungsgegenstände – von Kunstfelsen über Rückwände bis hin zu Bachlauf und Wasserfall.

19,80 €

Pflanzen im Terrarium

Anleitung zur Pflege von Terrarienpflanzen, zur Gestaltung naturnaher Terrarien und Auswahl geeigneter Pflanzenarten

B. Akeret

400 Seiten, über 1.000 Abbildungen
Format 17,5 x 23,2 cm, Hardcover
ISBN 978-3-86659-060-1

Wer sich den Wunsch erfüllen möchte, sich mit einem Terrarium ein Stück Natur ins Haus zu holen, der kommt bei der naturnahen Gestaltung dieses Lebensraumes für seine Pfleglinge nicht an einer Bepflanzung vorbei. Pflanzen erhöhen nicht nur den Schauwert eines Terrariums, sie verbessern auch das Klima und bieten den Tieren zudem Deckung und Versteckplätze. Manche Amphibien und Reptilien sind außerdem sehr eng an gewisse Pflanzen gebunden. Deshalb erfüllt die Bepflanzung im Terrarium eine ganze Reihe von Funktionen und stellt einen wichtigen Bestandteil der Einrichtung dar.

39,80 €

DER LEOPARDGECKO
EUBLEPHARIS MACULARIUS
MELANIE HARTWIG
NTV
ART FÜR ART